GW01100061

novum premium

Eva-Maria Schütz

Fülle der Einsamkeit

Ein Buch von der
Vollkommenheit des Lebens

novum premium

Bibliografische Information
der Deutschen Nationalbibliothek:

Die Deutsche Nationalbibliothek
verzeichnet diese Publikation in
der Deutschen Nationalbibliografie.
Detaillierte bibliografische Daten
sind im Internet über
http://www.d-nb.de abrufbar.

Alle Rechte der Verbreitung,
auch durch Film, Funk und Fernsehen,
fotomechanische Wiedergabe,
Tonträger, elektronische Datenträger
und auszugsweisen Nachdruck,
sind vorbehalten.

Gedruckt in der Europäischen Union
auf umweltfreundlichem, chlor- und
säurefrei gebleichtem Papier.

© 2024 novum Verlag

ISBN 978-3-99130-567-5
Lektorat: Dr. Angelika Moser
Umschlagfoto: Eva-Maria Schütz
Umschlaggestaltung, Layout & Satz:
novum Verlag

www.novumverlag.com

Inhaltsverzeichnis

Fülle der Einsamkeit 9

NEUN WOCHEN ZWISCHEN
ERINNERUNG UND HOFFNUNG
Glaubenskrieg 16
Friedensappell! 17
Messiasse dieser Welt 20
Ja, ich bin ein Messias 22
Evas Weg zurück ins Paradies 24
Am Anfang steht das Ende 26
The day after 27

VERLASSEN
Dienstag ist Frauentag 42
Gedanken einer Gottlosen 47
Was tun? 50
Gott und der Mensch 52
Angst vor Liebe 57
Lebendiger Tod 60
Ich bin 61
Muttersprache – Vaterland 62
Bekenntnis 64
Stachel im Fleisch 65
Glaube Hoffnung Liebe 66
Lippenbekenntnis 67
16. Dezember 2001 68

Domina	78
18. Dezember 2001	80
Verliebt	81
Liebe	82
Leidenschaft	83
Fauler Zauber	89
Versöhnung	90
Alkohol	93
Aufbruch ins gelobte Land	116
Feigen statt Äpfel	117
Stiller See	118
Ich bin nicht Eure Mutter	130
Weihnachten, deutsch-amerikanisch	132
Wir für uns	135
The second Chance	144
Impressionen, Silvester 2001	158
Jahreswechsel 2001/2002 – Stromsperre	161
Für Josef von Maria	165
03. Januar 2002	167
Stummer Schrei	170
Mein Freund, der Tod	171
05. Januar 2002	173
06. Januar 2002	175
Nachruf auf einen Lebenden	176
Stille Liebe	178
Todesursache	181
Ich für Dich	183
Seelenverwesen	184
Zeitlos	194
13. Januar 2002	195
Lebensmittwoch	212

Zweiter Frühling
oder eine mondlose Vollmondnacht 216
15. Januar 2002 224
Das ENDE vom ENDE 229

Fülle der Einsamkeit

*Weißt Du, wie das ist
auf dem Gipfel des schier
unüberwindlich erscheinenden Berges
angekommen,
den Blick nach unten gerichtet,
erinnerst Du Dich an die Mühsal des Weges
und über Dir
eröffnet sich die Unendlichkeit des Himmels,
welche zwischen Dir und Gott steht.*

*Die Stille und Klarheit der Luft
erfüllen Dich mit Einsamkeit
und Du spürst,
dass gerade das* **Nicht-mehr-tun-Müssen**
Dein größter Reichtum ist.

*Wenn Du dann wieder hinabsteigst
zu den übrigen Menschen,
dann schweig
über das,
was Du erlebt hast.*

Fülle der Einsamkeit ist zwar im März 1999 geschrieben worden, entstanden ist dieser Ausdruck starker Gefühle aber bereits im März 1966 während eines Landschulheimaufenthaltes in den Vogesen. Können Kinder, Jugendliche, Erwachsene Einsamkeitsgefühle empfinden, wenn sie mitten in einer Gruppe Gleichaltriger ihren Alltag verbringen?

Wenn die innere Welt eines Menschen mit der äußeren überhaupt nicht konform geht, dann ja. Meine Innenwelt war voller schöner Bilder, reiner Musik und Glaube an das Gute im Menschen. Umgeben war ich jedoch von einer Welt, die das schreckliche Geschehen im zweiten Weltkrieg durch Feierlaune zu verdrängen suchte. Das fast allnächtliche „Tanze mit mir in den Morgen" eines Gerhard Wendland ließ einen regelmäßigen und notwendigen Schlaf nicht zu und das Gute im Menschen wurde zwar von den sehr christlichen Großeltern gepredigt, aber wenn es um ein Stück Fleischwurst ging, drohte mir mein von Kindesbeinen an gehbehinderter Opa mit dem Stock, obwohl er doch hätte dankbar sein müssen, weil ich, als Einzige von sieben Enkeln, immer für ihn da war und ihm auch den von der Oma verbotenen Ring Wurst heimlich ins Haus schmuggelte.

Nun ja, er hat sich tot gefressen. Mein Vater möchte nicht mit den Damen im Pflegeheim tanzen und meine Mutter ..., die ist ein Thema für sich. Ich hatte jedenfalls die Chance, diesem ganzen Elend für ein paar Tage zu entkommen. Weil ich klug und fleißig war, erhielt ich die Gelegenheit, das Gymnasium zu besuchen, obwohl dies für die gesellschaftliche Schicht, aus der ich stamme, keineswegs selbstverständlich war. Dort traf ich dann auf Mädchen aus sogenanntem besseren Hause. Meine männlichen Altersgenossen, darunter mein geliebter Michael, Sohn eines Richters am Amtsgericht und Klassenkamerad aus der Volksschule, wanderten an das Altsprachliche Gymnasium Kaiserslautern ab. Die Zeit der Pubertät wurde, zumindest rein schulisch, nach Geschlechtern getrennt erlebt. Das hinderte die Mädchen in meiner Klasse aber keineswegs daran, sich mit den Themen ihrer Eltern zu beschäftigen, und das war und sind die Machtträger der deutschen Gesellschaft! Ich hingegen begegnete diesem Teil der Menschheit aus leidvoller Erfahrung jedoch mit allergrößter Vorsicht. Ehrlich gesagt hatte ich die Nase gestrichen voll von diesen ständig fordernden, großmäuligen Vertretern der Gattung Mensch, die immer dann, wenn es ernst wurde, sich hinter dem Rücken ihrer Frauen versteckten. So war für mich die durch die Schule erzwungene Abwesenheit von zu Hause die reinste Erholung, wenn da nicht in den mit jeweils sechs Mädchen belegten Jugendherbergszimmern die gleichen Geräusche und Gerüche wie im heimatlichen Kaiserslautern gewesen wären. Ausgeflogen sind wir, um die reine, schneebedeckte Berglandschaft unserer französischen Nachbarn kennenzulernen. Stattdessen wurde erstmalig Bekanntschaft mit Zigaretten und Alkohol geschlossen. Die unangenehmen Auswirkungen bei Nacht waren mir von zu Hause aber hinreichend bekannt, weshalb ich mich selbst auch an dieser Art Pionierleistung nicht beteiligt habe. Ich war aber auch nicht bereit, meine Dienste den Schulkameradinnen zur Verfügung zu stellen, nur weil ich nüchtern war und mir die Zigaretten nicht den Magen umdrehten. Um dem ganzen Übel zu entgehen, war also Flucht angesagt. Morgens gegen 05:00 Uhr zog ich mich an, verließ die Hütte mit all ihren Geräuschen und setzte mich auf einen Stein im gar nicht verschneiten Freien.

Und da geschah das Wunder. Die Sonne ging auf, ein Spektakel, das ich noch nie erlebt hatte. In diesen Minuten entstand der Eindruck von der Vollkommenheit der Einsamkeit, die so gar nichts Bedrohliches an sich hatte, sondern mir ihre schöpferischen Kräfte anbot. Diese Kreativität begleitet mich nun auf meinem Weg im Tal, aber einsam bin ich nicht mehr und deshalb schweige ich auch nicht.

Die Wahrheit hat nur ein Gesicht, die Lüge dagegen viele.

Kaiserslautern, 06.03.2024

NEUN WOCHEN ZWISCHEN ERINNERUNG UND HOFFNUNG

- Ein Buch von der Rückkehr ins Leben -

Als ich heute früh aufwachte, es muss, wie immer, so gegen 4 Uhr gewesen sein, war mein erster Gedanke, „die Katze lässt das Mausen nicht". Innerlich bin ich dann schlagartig schamrot geworden, denn es heißt ja gar nicht, dass die Katze das Mausen nicht lässt, sondern das Jagen, und auch diese Lieblingsbeschäftigung der gezähmten Wildtiere wird meines Wissens in erster Linie von Katern nicht unterlassen. Verärgert über meinen gedanklichen Fauxpas verjagte ich meinen kastrierten, rot-weiß geschecktem Kater von meinem Bett und versuchte, wieder einzuschlafen.

Drei Stunden später wieder die ungehörig innere Stimme, „die Katze lässt das Mausen nicht". Was soll das?! Ich versuchte, das Problem analytisch anzugehen, und kam zu folgendem Ergebnis:

Die Katze ist mein inneres Tier, das sich tatsächlich nach erfolgreich absolvierter Jagd gerne über sein Opfer hermachen würde. Aber mein Raubtier will sein Jagdergebnis nicht fressen, sondern, sagen wir mal, eher vernaschen. Von da an war es dann eine Kleinigkeit, zum Sprung anzusetzen und den Entschluss zu fassen, in einem Buch das zusammenzufassen, was ich in den letzten 9 Wochen hier in meinem arg heruntergekommenen und von Mäusen geplagten Bauernhaus auf der Breitenau nahe Kaiserslautern erlebt habe. Geschrieben ist das Buch eigentlich schon. Aber weil ich doch nie und nimmer als ewig streunende Katze ernsthaft in Erwägung zog, mein Geheimnis der einzig großen Liebe in meinem Leben öffentlich zu machen, habe ich meine Gedanken überwiegend handschriftlich auf unzähligen Zetteln und Schreibheften hinterlassen. Die bräuchte ich jetzt ja nur ein bisschen nach Entstehungsdatum durchsortieren, dann in die Maschine tippen und fertig ist der Bestseller, dachte ich, die Katze, als ob das so einfach wäre, ein halbes Leben, das hinter mir liegt, und ein halbes Leben, das noch vor mir liegt, einfach so schwuppdiwupp in den Computer zu pressen.

Nun sitzt er vor mir, der Computer, starrt mich ganz entgeistert an, weil er einfach nicht verstehen kann, wieso mir ausgerechnet jetzt, wo es doch einmal wirklich darauf ankommen würde, nichts einfallen will. Die ganze Festplatte habe ich ihm vollgepackt mit wütenden Schreiben an weiß der Geier was für Leute. Manchmal hat ja auch ein ganz passabler lyrischer Text oder eine Kurzgeschichte den Weg von den Tasten auf den Bildschirm gefunden. Aber jetzt, im Anblick des auf dem Ofen zusammengerollten Katers, überfällt mich eine eigenartige Lähmung.

Aufstehen. Holz nachlegen. Wir haben Sonntag, den 04. November 2001. Es ist kalt und ich habe kein Geld, um Flüssiggas zu besorgen, damit die Zentralheizung angeworfen werden kann. Also verheize ich das restliche Holz und die Briketts vom letzten Sommer, als es mir wirtschaftlich noch einigermaßen gut ging. Dann trinke ich meinen heißen Tee, Pfefferminz-Tee aus dem ALDI. Da kostet das Paket nur 79 Pfennig. Mein Müsli hab ich schon gegessen und die morgendliche Dusche muss warten, bis ich völlig aufgewärmt bin. Denn ich hab zwar heißes Wasser im Nebenbau, aber ich muss über den Garten hinterm Haus hinüber laufen und wie gesagt, es ist kalt in diesem sonst wunderschönen, weil sonnenverwöhnten November 2001. In meinem Herzen allerdings breitet sich eine Wärme aus, die von keiner Kälte der Welt vertrieben werden kann.

Glaubenskrieg

*Wer einen Glaubenskrieg führt,
verbindet damit die Hoffnung
auf Übernahme der Macht.*

*Wer jedoch mit der Liebe im Rücken
um sein Leben kämpft,
gewinnt nichts Geringeres
als die Liebe zum Leben.*

*Für alle Anarchisten der Macht
und alle Fundamentalisten des Glaubens,
gewidmet von einer liebenden Frau.*

11. September 2001

Friedensappell!

Sehr geehrter Herr Heinrich,

zuerst wollte ich Ihnen meinen anlässlich des grauenhaften Geschehens am gestrigen Tag verfassten Text in die Schule bringen, damit sie diesen den Schülern an Ihrem Gymnasium vorstellen können. Dann bin ich aber zuerst zu meinem Vater ins Altersheim gegangen und hab ihm, dem geistig wachen 80-Jährigen, die Gedanken seiner Tochter vorgelesen. Der Überlebende des Zweiten Weltkrieges meinte aber nur, dass das doch nichts bringen würde und ich niemanden finden würde, der solch mahnende Worte zum Frieden hören wolle. Er selbst findet es aber schön, dass ich meine weichen Empfindungen in einer durch Konkurrenzkampf hart gewordenen Welt nicht verloren hätte.

Dann habe ich mit meiner Tochter Lisa gesprochen. Sie ist völlig fertig wegen der Ereignisse in Amerika und wollte mich unbedingt sprechen. Die 15-Jährige erzählte mir, dass die Lehrer in der Schule, allen voran der Deutschlehrer, sich sogar lustig gemacht hätten, über die Ängste der Jugendlichen, die zwar rein äußerlich schon sehr gereift wirken, aber letztlich doch immer noch Kinder sind. Das kann nicht sein, Herr Heinrich! Sie wissen, welche Kraft Mütter entwickeln können, wenn es um ihre Kinder geht. Sie wissen außerdem um meine Sprachfertigkeit und mein Charisma, das gerade bei Kindern und Jugendlichen so gut herüberkommt. Ich möchte Sie daher bitten, gegenüber Ihrem neuen Chef durchzusetzen, dass ich Gelegenheit erhalte, vor Schülern, Eltern und Lehrern des Gymnasiums am Rittersberg einen Vortrag halten zu dürfen, und zwar zu dem Thema:

„Krieg zur Erhaltung von Zivilisation und Kultur!?"
Ich verspreche Ihnen ein knallvolles Auditorium.

Dieser Brief wurde, wie viele andere auch, niemals abgesendet. Ich habe meine Tochter von der Schule abgeholt und mich daran erinnert, dass ich vor 18 Jahren ein Gedicht geschrieben habe mit dem Titel *„Messiasse dieser Welt"* und vor drei Jahren eines mit dem Titel *„Evas Weg zurück ins Paradies"* und dass meine Kinder meine Gedichte nie so recht leiden konnten, jedenfalls dann nicht, wenn ich diese auch nur der kleinstmöglichen Öffentlichkeit vorgestellt habe, und dann habe ich mich erinnert, dass man wegen eines dritten Gedichtes mit dem Titel *„Am Anfang steht das Ende"* im Februar des Jahres 2001 einen Antrag auf gesetzliche Betreuung beim Vormundschaftsgericht gestellt hat, und dann habe ich Angst bekommen vor all den Leuten, die sich seit vielen Jahren schon still und heimlich über mich lustig gemacht haben und daraufhin habe ich mich in eine Art innere Emigration zurückgezogen, um zu erforschen, ob die Welt noch zu retten sei, nicht die Welt der anderen, sondern meine kleine Welt, hier auf der Breitenau, mit meiner Hündin und meinem Kater, ohne Kinder, ohne Mann an meiner Seite, habe ich versucht, mein großes, schönes, aber heruntergekommenes Haus neu zu entdecken, und zwar vom Keller bis unters Dachgeschoss jeden Quadratzentimeter der 412 m^2 großen Gesamtfläche, um nach getaner Arbeit sehen zu können, ob meine Hoffnung, auf ein neues befreites Leben mit dem richtigen Mann an meiner Seite Aussicht auf Erfolg hat. Auf diesem Weg bin ich gerade. Mein Motto wird lauten: **„Only love will set us free."**

Messiasse dieser Welt

Künstler,
welch eigensüchtig Volk!
Wir sollen hören,
während Ihr
das von uns gesammelte Leid
fein artig abgepackt zurückschickt,
sollen lesen, staunen,
Euch Palmen streuen
oder ans Kreuz nageln,
Euch Messiasse dieser Welt.

Wir hören Euch zu.
Doch Ihr,
die dem Volk aufs Maul Schauer,
nehmt von uns,
um Eure übersatten, faulen
Bäuche zu bepinseln.
Wir sollen Eure Wunden lecken
und das alles
um den Tun-wir-für-euch-Preis.
Schamlos!

Doch Ihr befindet Euch in bester Gesellschaft.
Politiker! Kirchenmänner! Vordenker,
die besser Nachdenker wären.
Euer Volk soll rufen:
Sieg Heil! Solidarität! Gelobt sei Jesus Christus!
Und das Volk tut es
und Euer gefälliges Grinsen
ist der Dank dafür.

Ihr selbst ernannten Messiasse dieser Welt,
Ihr bringt uns keine Versöhnung,
denn Ihr, wie wir,
seid Gottes Kinder
und könnt nur durch Wahrhaftigkeit
die Liebe zueinanderfinden.

Bin ich ein Messias?

Elmstein, November 1983

Ja, ich bin ein Messias

Ein dem Volk aufs Maul Schauer,
ein Tun-wir-für-Euch-Verkäufer,
ein Vordenker, wo ich besser nachgedacht hätte,
ein Prediger, ein Besserwisser
mit anmaßendem Grinsen
auf dem vom Ehrgeiz zerfurchten Gesicht.

Auf dem Gang zum Gipfel des Erfolges
hat man mich verraten
und Palmen streuende Bewunderer
säumten meinen Weg nach oben.

Und dann wurde ich gehängt,
nicht wie Jesus Christus ans Kreuz genagelt,
sondern mit den Füßen
an den Baum der Erkenntnis,
von dem ich, Eva,
einst die verbotenen Früchte aß.

So hing ich
sieben Jahre lang, während der Mitte meines Lebens.
Als Seil diente mir die Schlange der Verführung
und ich konnte nicht erkennen,
ob es mir je gelingen würde,
mich aus eigener Kraft
aus dieser misslichen Lage
zu befreien.

*Wenn Deine Füße den Kontakt zur Erde verloren haben,
und der Kopf wegen des ungewohnten Blutandranges
Dir zu zerspringen droht,
hast Du nur noch zwei Wünsche:
entweder endlich durch den Tod erlöst zu werden
oder wieder Boden unter die Füße zu bekommen.*

*Nachdem mir die Gnade des frühen Sterbens
nicht zuteilwurde,
musste ich mich unter aller Kraftanstrengung
auf den Weg machen,
meine natürliche Haltung zurückzugewinnen,
und das heißt:*
***Kopf nach oben,
Füße auf den Boden der Realitäten!***

März 1999 und Februar 2002

Evas Weg zurück ins Paradies

*Und als ich erkannte,
dass der Apfel vom Baum der Erkenntnis
von der Schlange vergiftet war,
machte ich mich auf den Weg
zurück ins Paradies.*

*Ich bat Gott,
mir meine Sünden zu vergeben,
indem ER
alles Wissen
von mir nehme.*

*Ich habe erlebt,
welch unsägliches Leid,
über den Menschen liegt.
An meine Ohren
drangen die stummen Schreie
der Kinder, Frauen und Männer
und meine Augen sahen,
wie sie daran erstickten.*

*Ich habe gespürt,
wie geliebte Menschen
sich einen Weg zu meinem Herzen bahnten,
um es dann
mit versteckten Messern
zu zerschneiden.*

*Und als ich gegen all dies
den Mund auftat,
verhallte meine Rede
im Gelächter der Leute.*

*Was nützt mir all mein Wissen,
wenn ich nicht den Edelmut besitze,
Gesehenes, Gehörtes und Gespürtes zu erdulden,
und woher soll ich die Kraft nehmen,
die Stimme zu erheben
im Kampf um Brüderlichkeit und Gerechtigkeit?*

*Als Gott dies hörte,
da hatte ER Erbarmen mit Eva.
ER nahm ihr
den vermeintlich süßen Apfel des Lebens
und schenkte ihr
die* **Freiheit des Geistes.**

Am Anfang steht das Ende

*Zuerst war das Licht
und warf seine langen Schatten.*

*Zuerst war das Gute
und verlangte nach dem Bösen.*

*Zuerst war die Liebe
und verwandelte sich in Hass.*

*Zuerst war Gott
und der holte den Teufel aus der Tiefe der Hölle.*

*Doch während der Mensch durchs Leben wandert,
kommt er zuletzt an,
wo er einst begann,
und am Ende findet er das,
was am Anfang stand.*

*Das Licht,
das Gute,
die Liebe
und Gott.*

The day after

Super-GAU auf Amerikas Stolz und Herrlichkeit. Das Welthandelszentrum wird Opfer eines Terroranschlags und ich sitze da, mit meiner verkorksten Liebe zu einem Leben, das jeder Hund für sich ablehnen würde. Die Erde ist Hölle pur und das obwohl oder gerade, weil das 3. Jahrtausend gerade einmal angefangen hat. Alles andere wäre Schönfärberei. Wir stehen kurz vor dem Ausbruch des Dritten Weltkrieges. Die Kinder wissen es und ich blöde Kuh, als ewig dumm-dusseliges Muttertier beschwichtige, weil ich immer noch an Macker wie M. und K. und sonst was glaube. Was habt ihr Kerle uns eine Scheiß Glitzer-Glas-Beton-Welt gebaut, uns Frauen, um uns zu imponieren! Und jetzt!? Alles kaputt! Hin ist das ganze schöne männliche Selbstvertrauen und schon geht das Kriegsgebrüll los, wie immer, wenn den Herren der Schöpfung nichts Besseres einfällt. Von wegen Zivilisation. JAWOLL! Aber ohne kulturellen Hintergrund. Hierzu gehört aber nun mal die Integration dessen, was man weibliche Intuition nennt, ob Mann will oder nicht. Ich könnte euch sagen, wie man mit Verrückten umgeht. Erst mal anhören, was die so zu sagen haben und dann eine Strategie entwickeln, wie man die Kräfte des Fantasten mobilisiert. Allerdings nur zu dem einen Zweck, damit dieser mittels eigener Einsicht seinen eigenen Schweinehund bekämpft und anderer Leute Kinder in Ruhe lässt.

Aber so etwas wollt ihr nicht hören. Zu sehr seid ihr beschäftigt mit eurem eigenen Elend namens Dummheit und Stolz, als dass ihr in der Lage wärt, anderer Leute Kummer zu sehen oder gar zu verstehen. Ihr werdet es nicht glauben, aber es gibt doch tatsächlich Menschen, die intelligent **und** bescheiden sind. Aber wenn man für die nur ein müdes Lächeln übrig hat, braucht man sich nicht zu wundern, wenn der hoch aufgerichtete männliche Stolz der westlich zivilisierten Welt eines Tages mit wenigen, aber hochintelligenten Mitteln zur Schnecke gemacht wird.

Ach ja, ich höre euch schon sagen, dass ich wohl in das Lager der verrückten Araber gehöre. Nun, tu ich natürlich nicht! Denn keine Frau der Welt wäre so bescheuert, ihre eigenen verletzten Eitelkeiten am Tod Zigtausender unschuldiger Menschen wieder aufzubauen. So was kriegen nur Männer fertig und das hängt damit zusammen, dass auch der schlaff gewordene Schwanz sich an einem schwachen Frauenego am besten aufrichten kann. Starke Frauen jagen nämlich schwache Männer mit aller Regelmäßigkeit in die Flucht und dann schnappen sich diese Schwächlinge, die man von außen daran erkennen kann, dass sie sich in unserer westlich zivilisierten Welt an allerhöchster Rangstelle befinden, die nächstbeste Schlampe und geben sich mit dieser ihrem aus gemeinsamer Angst heraus geborenen Triebleben hin. Und wegen so einer banalen Geschichte aus dem Bereich der hohen Tiere müssen wir Mütter mal wieder um die Zukunft unserer Kinder bangen.

Der zivilisierte Mann kennt solche Probleme nicht. Er greift zu Viagra oder einer Praktikantin, womit wir wieder im Land der tausend Möglichkeiten wären. Nur, wie dort Probleme, die immer in einem Nicht-verstanden-Sein im zwischenmenschlichen Bereich ihre Ursache haben, angegangen werden, ist hinlänglich bekannt. Auf jeden toten Amerikaner folgen mindestens 100mal so viele des erklärten Feindes. Wie wäre es denn mal mit einer anderen Variante zur Problemüberwindung: Gekränkter Mann setzt sich mit kluger Frau an einen Tisch und berät, wie die kritische Weltsituation am besten zu bewältigen wäre. Ach so, das ist euch zu privat. Na dann lasst euch mal von einer alten, klugen Frau etwas sagen: Wer in den kleinen Dingen des Alltags versagt, wird wohl schwerlich die großen Probleme der Welt lösen können.

Gut heil, ihr Kriegstreiber! Ich hasse euch!

Und noch etwas, Sicherheit ist nicht käuflich, höchstens verkäuflich, und genau da liegt der Hase im Pfeffer, meine Herren! Damit ihr auch weiterhin eure Scheiß-Geschäfte machen könnt, müssen Menschen sterben, versicherte und nicht versicherte. So spricht eine aus Erfahrung klug gewordene Mutter. Nur, die Krux an der Geschichte ist die, dass noch nicht einmal die eigenen Kinder an diese Wahrheiten glauben. Ich werde also schweigen und nur noch dann den Mund öffnen, wenn ich gefragt werde.

SETZEN!

12. September 2001

Hi Dennis,

sag mal ehrlich, ist das nichts das Allerschärfste, was Du jemals gelesen hast, und entspricht gerade der Schluss nicht der vollen Wahrheit? Ich habe den Mund nach diesem fulminanten Feuerwerk aus leidenschaftlicher Liebe zu den Menschen und der Erde nur noch auf Geheiß geöffnet, wie in der Nacht vom 08. auf den 09. Dezember 2001, und was ich zu nehmen bereit war, hat mich gewandelt von einem Männer hassenden Unwesen zu einer Frau, welche die Menschen liebt, egal wie unzulänglich sie auch sein mögen. Es muss halt im Leben einer Frau nur der Richtige kommen, um mit den Säften des Lebens echtes Wachstum und Größe zu erzeugen. Bei uns beiden wird kein Kind daraus entstehen, denn Kinder empfängt man nicht mit dem Mund, sondern mit dem Schoss. Ich habe Dich empfangen und das, obwohl Du ein hundsgemeiner Amerikaner bist, der an dem Tod von Abertausend Männern, Frauen und Kindern mitgewirkt hat. Ich will Dir auch sagen, warum das so gekommen ist.

Unter meinen Händen warst Du schwach wie ein Baby. „I'm so nervous, babe." „Okay boy. Gut so", dachte ich. Wenigstens mal einer, der das zugibt, dass er nicht gerade ein Held ist, auch wenn er tausend Jahre der Armee seines Landes gedient hat. Er ist schwach vor Liebe zu einer Frau, die von allen Deutschen verlacht und verspottet wird, und er wusste es auch, dieser irisch-schottische Amerikaner aus New York. Denn die Amerikaner haben spätestens seit 1951 das Sagen in Kaiserslautern. Denen entgeht nichts, was von politischem Interesse ist in diesem arroganten Deutschland, das nie zu schätzen wusste, dass ihr Amerikaner uns tatsächlich befreit habt. Ich bin eine Oberarrogante gewesen. Mein Stolz wurde aber nicht von einem GI gebrochen, sondern von einem IM (Inoffizieller Mitarbeiter) namens Michael. Diesen Kerl möchte ich in meinem Leben nicht mehr sehen. Wenn ich Mann wäre und eine Knarre hätte, über den Haufen würde ich ihn schießen, und das nur, weil er mir auch noch meinen Hund und meinen Kater hat abnehmen lassen, dieses Arschloch. Meinen Verstand hat er mir nicht rauben können. Ich war zwar nah dran, die Kontrolle zu verlieren, bei dem täglichen Päckchen Provokationen, die nicht nur in der Zeit vom Anfang dieses Buches bis heute, den **22. Dezember 2001** angefallen sind. Aber letzten Endes bin ich clean geblieben und wenn einer den Verstand verloren hat in diesem Teufelsspiel, dann ist das wohl er, der austherapierte Soziologe, der im Juli 1998 mit einem Flugzeug abgestürzt ist und als einer von ganz wenigen die Katastrophe überlebt hat.

Die 9 Wochen Einsamkeit sind vorbei. Ich wechsle jetzt auch rüber ins andere Programm, da, wo ich Dir, lieber Denny, unter dem Titel „Something stupid" ein Buch widmen werde. Dieses Buch wird, im Gegensatz zu dem hier angefangenen, auch fertig geschrieben werden. Mag sein, dass die bis hierhin geschriebenen Zeilen Bestandteil meiner in einem Buch zur Veröffentlichung gedachten Gedanken sein werden.

15. Dezember 2001

Hi Dennis,

gestern hast Du mich nach Hause geschickt und das war der Anfang unserer Geschichte, die lange dauern wird, bis zu unserem Lebensende, denn ich will das so und egal, ob wir uns je wiedersehen oder nicht, ich werde Dir treu bleiben, nie mit einem anderen Mann schlafen, auch keinem das Bett machen oder die Küche putzen. Ich werde keinem Mann erlauben, mein Haus zu betreten, wenn er die Absicht in sich trägt, etwas zwischen uns zu bringen, und ich werde nicht dulden, dass irgendjemand etwas Schlechtes über Dich sagt. Warum das so ist, will ich Dir erklären, nicht auf Englisch, denn wie Du gemerkt hast, ist mein Englisch verdammt schlecht. Aber die deutsche Sprache ist für mich wie eine große Liebe, die jeden Tag geküsst werden will, und deshalb schreibe ich auch jeden Tag einen langen Brief an Dich, bis Du alles über mich weist und Du keine Fragen mehr stellen musst, auf die ich keine Antwort gebe, weil es für mich so schrecklich ist, über die Dinge zu reden, die mich tief berührt haben, aber andere Menschen einfach kalt ließen, weshalb ich dann auch schon früh angefangen habe, den Mund zu halten, und nur belangloses Zeugs dahergeredet habe oder das, was andere von mir erwartet haben, dass ich es sagen soll, gesagt habe.

Ich habe immer gemacht, was der oder die andere von mir verlangt hat. Aber es war fast immer falsch gewesen und weil ich das dann früher oder später gemerkt habe, dann aber auch nichts gesagt habe, sondern einfach weggegangen bin, habe ich sehr viel Ärger in meinem jetzt 50jährigen Leben bekommen. Es hat ganz schön lang gedauert, bis jemand mal was Richtiges von mir verlangt hat, um es ganz genau zu sagen, bis zum 08. Dezember 2001 und der jemand warst Du!

Weißt Du noch, wie Du im Wieners, der alten Kneipe in Kaiserslautern, wo ich schon 1968 mit meinem Tanzschulpartner auf ein Bier gegangen bin, das der Trottel mir dann auch glatt vor lauter Nervosität über meinen einzigen Rock gekippt hat, gesessen hast? Damals war es noch der Wienerwald und alles roch nach diesem schrecklichen Hähnchenfett, wovon mir ganz schlecht wurde. Ich hatte auch keine Lust, mit dem Armleuchter auf den Abschlussball in der Kaiserslauterer Fruchthalle zu gehen. Aber mir blieb nichts anderes übrig, denn ich war derart abweisend und missmutig in die Tanzschule gegangen, dass der langsamste und vielleicht sogar hässlichste von den Jungs das Pech hatte, mich zur Tanzpartnerin nehmen zu **müssen.** Gerne hat der heutige Zahnarzt das nicht getan. Aber auch er musste sich den Sitten des Nachkriegsdeutschlands fügen und ein Mädchen seiner Altersstufe zur Polonaise in der Fruchthalle führen.

Wir waren damals nach Schulart und Klassenstufe zusammengewürfelt worden. Es gab zwei reine Mädchengymnasien, den sogenannten Nonnenbunker, eine Schule des deutschen Franziskanerinnenordens und ein staatliches Gymnasium mit dem einfallsreichen Namen HWB als Kürzel für Höhere weibliche Bildungsanstalt, von unseren Vätern auch als Hitlers Weiberbande bezeichnet. Das hatte wohl damit zu tun, dass unsere Mütter dort zu guten deutschen Hausfrauen ausgebildet wurden, ganz im Sinne des Bunds Deutscher Mädels. Für die Jungs gab es mehrere Gymnasien. Klar doch, die sollten schließlich das zerstörte Deutschland wieder aufbauen helfen und wir Mädchen wurden nur etwas geschult, damit die Herren Rechtsanwälte und Doktoren nicht ganz so blöde Weiber an ihrer Seite hatten. Ich erinnere mich noch an eine Geschichte aus der Sexta, wo wir im Fach Deutsch drei Themen zur Auswahl hatten, um eine Berichterstattung zu verfassen. Wie koche ich einen Pudding? Wie sauge ich eine Wohnung? Wie putze ich eine Wohnung?

Das war es, was die gymnasiale Bildung eines Mädchens im Alter von 10 Jahren ausmachte. Ich hatte mich für Thema Nummer drei entschieden, und zwar aus einem einfachen Grund: Wenn ich nach der Schule zu Fuß nach Hause ging, verlangte meine Mutter von mir ich, solle kochen und putzen. Für solche einfachen Verrichtungen sei sie nicht geschaffen. Also schnappte ich mir die wenigen Zutaten, die im Vorrat zu finden waren, kochte, meist eine Grießsuppe, und säuberte anschließend die Wohnung, was von meiner Mutter pingelig kontrolliert wurde.

Meine Mitschülerinnen konnten nur beim Thema Puddingkochen und Staubsaugen mithalten. Die Hände in Wasser tauchen war nichts für die Töchter aus einem guten Hause. Deren Weg wurde auch bezüglich eines Studiums bereits vorgeplant. Die meisten von uns Mädchen machten eine Ausbildung zur Lehrerin. Das muss sich wohl bis Amerika herumgesprochen haben, denn Du hast ja auch gedacht, dass ich eine Lehrerin sei, nur weil ich so ein bisschen vor mich hingeschrieben habe. Aber ich bin keine Lehrerin. Ich bin eine Krankenschwester, weil mein Vater das so gewollt hat, und selbst wenn ich meinen Beruf hätte selbst aussuchen dürfen, wäre ich auch keine Lehrerin geworden, sondern eine Journalistin, die viel über Politik zu schreiben gewusst hätte. Das niemals klein gewordene Deutschland hat dies jedoch zu verhindern gewusst. Wir sind nämlich ein Herrenland geblieben. Die Männer haben hier das Sagen und Frauen sollen gefälligst das Maul halten und sich abends schön brav hinlegen, wenn der Mann sich gerade nach erledigter Arbeit abreagieren muss. Viele deutsche Männer verlangen auch Sex, bevor sie zur Arbeit gehen, und am Arbeitsplatz wollen sie auch zwischendurch vögeln, dann allerdings mit ihren Sekretärinnen, der zweitbeliebteste Frauenberuf, gleich nach der Lehrerin.

Krankenschwestern wurden die einfachen Frauen, deren Väter kein Geld hatten für ein Hochschulstudium. So einer war mein Vater und egal wie klug ich auch war, ich musste das Gymnasium verlassen, weil mein Vater das so beschlossen hat. Ich habe deswegen fürchterlich geweint, denn meine Liebe zur Sprache und zur Musik ist schon von Anfang an da gewesen und was eine Krankenschwester zu tun hatte, wusste ich. Denn seit meinem dritten Lebensjahr tat ich nichts anderes, als anderen Menschen zu helfen, wenn es ihnen schlecht ging, ob das nun meine beiden Schwestern waren, von denen eine gehörlos ist und die andere schwächlich und krank seit ihrer Geburt, oder meine Mutter, die hysterisch und verwöhnt von zu Hause die anfallende Arbeit daheim nicht tun konnte, oder auch mein Vater, der gleich nach dem Ende des schrecklichen Krieges mit dem Saufen anfing und oft genug die Bude vollgekotzt hat oder mit blutender Nase vor der Haustür saß, weil er die Treppe nicht mehr hinaufkam. Ich hatte auch einen Opa, der gehbehindert war, und mit ihm bin ich immer mit dem Rollstuhl spazieren gefahren, meistens zum Friedhof, dahinten bei den 23ger Kasernen. Meine Omas waren auch viel beschäftigt mit ihren Männern, die natürlich auch gesoffen und gefressen haben wie die Tiere. Die Amerikaner bei Dir zu Hause denken vielleicht, dass die Deutschen ein kultiviertes Volk seien. Das stimmt nicht. Hier wurde schon immer gesoffen, geraucht, Kinder geschlagen, Frauen vergewaltigt und das quer durch alle Gesellschaftsschichten und abgesegnet durch die beiden großen Kirchen, die oft genug mitgemischt haben, wenn es darum ging, Frauen um ihre von Gott gegebenen Rechte zu bringen.

Weißt Du, ich war ein stilles und sehr aufmerksames Kind. Ich habe alles gesehen, gerochen, gespürt und die Erwachsenen haben es nicht gemerkt. Weil ich mich aber gewehrt habe gegen diesen ganzen ekelhaften Bullshit, war ich für alle schon früh ein anstrengendes Kind, das niemand verstand. Das war mir egal. Ich hatte von meiner

Oma väterlicherseits erlebt, was es heißt, in einem großen kuscheligen Bett schön warm gehalten zu werden, auch wenn es draußen saukalt war, und die Oma versteckte mich auch immer, wenn der besoffene Opa nach Hause kam und sie zum Sex gezwungen hat und wenn sie nicht gewollt hat, dann schlug er sie. Das war furchtbar. Ich wollte meine Oma beschützen, aber die brauchte keinen Schutz, sie ließ sich einfach alles gefallen. Ich hab das nicht verstanden, denn sie war groß und stark und nicht so klein und zornig wie ihr Mann. Irgendwann wollte ich das nicht mehr und bin dann zu meiner Oma mütterlicherseits. Die war klein, aber ich kann Dir sagen, so eine starke Frau hab ich in meinem Leben nicht mehr kennengelernt. Eigentlich war sie auch nur das Hausmädchen in einem großen Geschäftshaushalt, dessen Haushaltsvorstand ein treuer Diener der evangelischen Kirche war. Opa machte Hüte und Mützen, vor allem für Amerikaner nach dem Krieg und vorher für die deutschen Soldaten. Außerdem fertigte er für die Damen Pelzmäntel und er verdiente ein Schweinegeld. Seine erste Frau starb bei der Geburt des dritten Kindes und weil er nicht viel Zeit hatte, eine neue Frau zu suchen, was für ihn als Rollstuhlfahrer und Vater von drei Kindern auch nicht ganz einfach gewesen wäre, schnappte er sich einfach das hübsche und fleißige Dienstmädchen und machte ihr auch noch drei Kinder. Die jüngste von den insgesamt sechs Kindern ist meine Mutter, eine rassige, schwarzhaarige Viertelfranzösin, denn die Oma war eine Halbfranzösin.

Während meine Oma väterlicherseits gleich nach dem Tod ihres Mannes 57 jährig starb überlebte meine Oma mütterlicherseits ihren Ehemann um ganze 20 Jahre. Als sie ein Alter von fast 96 Jahren erreicht hat, weigerten sich ihre Kinder ihr ein wenig zur Hand zu gehen. Ich selbst wohnte mit meiner Familie in einem 60 km entfernten Dorf mitten im Pfälzer Wald und staunte nicht schlecht, als ich darüber informiert wurde, dass mein Onkel, Bruder meiner Mutter seine Mutter ins Pflegeheim geschafft hat und gerade dabei war den Haushalt meiner Oma aufzulösen ohne dass dies der alten Frau bekannt war. Ich eilte ins Pflegeheim um meine Oma aufzuklären, was da gerade hinter ihrem Rücken passiert. Sie war fassungslos und konnte es nicht glauben, dass man sie abgeschoben hatte. Dieses im Alter **Verlassen**-Werden hat mich sehr beschäftigt, zumal meine Oma dort in diesem evangelischen Frauenaltersheim einfach vor Kummer bei bester körperlicher und geistiger Verfassung gestorben ist. Meine Oma war eine Verfechterin des einfachen Lebens. Ihre Mission war es arbeiten und beten, die Familie versorgen und sich selbst mit Kneippschen Anwendungen gesund zu halten. Nie war sie bei einem Arzt. Sie stellte auch keine Ansprüche war extrem genügsam und fromm. Nicht wie die anderen so scheinheilig und nur, weil es die Kirche verlangte. Sie glaubte wirklich an Gott und dass er alles schon recht machen würde und es keinen Zweck hat, gegen den Willen Gottes etwas zu unternehmen. Hierzu habe ich eine Geschichte geschrieben, und zwar **Dienstag Frauentag** und noch eine andere Geschichte aus früheren Tagen fällt mir in diesem Zusammenhang ein, nämlich die **Gedanken einer Gottlosen.**

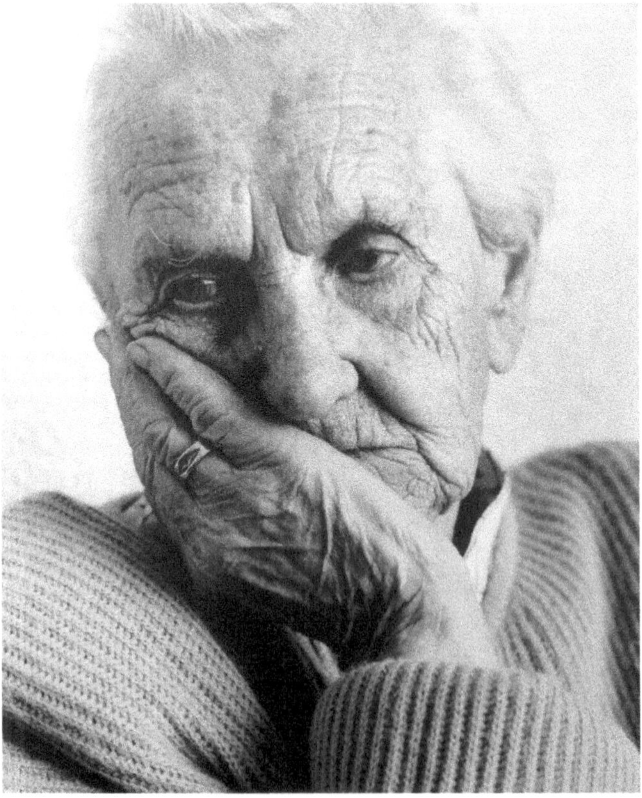

VERLASSEN

Wenn meine Hände alt werden,
dann muss ich mich verlassen können.
Doch wohin mit mir,
wenn nicht zu Dir?

Es kommt der Tag,
an dem meine kraftlose Hand,
nur noch den müden Kopf
zu stützen vermag.

Doch wohin wird mein Blick sich wenden?
Gedankenverloren ins Leere schweifen,
oder zärtlich Dein Gesicht liebkosen?

Wenn meine Hände alt sind,
wird meine Seele mich verlassen –
auf Dich.

Januar 1998

Dienstag ist Frauentag

Dienstag. Frauentag. Und was sind die Themen für Frauen? Klar doch KKK! Nicht dass wir Frauen uns das Kinder-Küchen-Kirchen-Getöse selbst ausgesucht hätten. Diese Themen haben die Herren der Welt für uns Frauen reserviert, und zwar jeder Mann für seine Frau ganz speziell. Es sind **seine** Kinder, die bedient werden sollen. Es ist **seine** Küche, in der er bekocht werden soll, und natürlich hat sich **seine** Frau **seiner** Ideologie zu beugen. Wer diesem Gesellschaftsdiktat entkommen will, hat so gut wie keine Chance, lebend aus dem demokratischen Herrschaftshaus herauszukommen. Ich hab's versucht und es ist mir auch gelungen. Aber es hat geschlagene 50 Jahre gebraucht, also mehr als ein halbes Leben, bis ich hier nun in **meiner** Küche mit den Fotos **meiner** Kinder an der Wand **meine** Ideologie ungestört in die Tasten hämmern kann.

Von vorne:

Kinder hatte ich seit meinem zweiten Lebensjahr Tag und Nacht um mich. Die ersten 1½ Jahr meines Lebens war ich alleine mit meinen Eltern. Sie hatten so kurz nach dem Krieg fast nichts und das Ehebett, das der Vater meiner Mutter zu spenden bereit war, damit seine Tochter und sein ungeliebter Schwiegersohn nicht gerade auf dem Fußboden der Einzimmerwohnung im

Armenviertel meiner Heimatstadt mit ihrem Kind zubringen mussten, teilten meine Eltern mit mir. Sie schliefen in einem Bett gemeinsam auf der einen Seite des winzigen Schlafzimmers und ich kleiner Pimpf bekam die andere Hälfte des Ehebettes auf der gegenüberliegenden Seite ganz für mich allein. Das änderte sich, als meine Schwester Barbara zur Welt kam. Sie wurde kurzerhand zu mir ins Bett gesteckt und weil mir das offensichtlich nicht recht passte, drehte ich mich nachts regelmäßig um 180°. So fand man mich morgens oft genug gar nicht mehr vor, weil ich mich sogar im Inlett des Bettbezuges versteckte, so unangenehm war mir die neu erzwungene Nähe. Meine Mutter behauptete später, dass meine Schwester auch öfter meine goldenen Haare mangels Windeln benetzte, und sie machte diesen Umstand dafür verantwortlich, dass meine Locken so füllig glänzend mein Engelsgesicht umrahmten.

Ich hätte gerne auf diese Vorzüge verzichtet, denn meine kleine Schwester war von der ersten Stunde ihres Lebens derart auf mich fixiert, dass sie mich auf Schritt und Tritt verfolgte. Selbst der Gang zur Toilette, die aus einem Plumpsklo auf der Treppe zum Hinterhaus bestand, war ohne ihre Begleitung nicht möglich. Dabei hatte sich schon früh herausgestellt, dass unsere Interessen völlig unterschiedlich waren. Ich war wissbegierig und nervte die mit der Ernährungsbeschaffung beschäftigten Erwachsenen, wogegen das Bobbelchen ein echtes Schmusepüppchen war, desinteressiert an allem, was um sie herum geschah, aber anspruchsvoll und egozentrisch bis zum Abwinken. Mir ging jedenfalls meine Schwester von Anfang an höllisch auf die Nerven. Das nützte mir aber nichts, denn dieses Äpfelchen fiel nicht weit vom Mutterstamm, was bedeutete, dass meine Mutter uns Kinder zwar gerne als Aushängeschilder benutzte, Arbeit wollte sie aber nicht mit uns haben. „Mach du das, Eva, du kannst das viel besser als ich", lautete die verführerisch anerkennende Botschaft mehrmals täglich. Ich versuchte, ihr wenigstens diesen Gefallen zu tun, denn tagsüber bekam ich mit, wie meine verwöhnte und bildschöne Mutter sich in der winzig kleinen Wohnküche abquälte. Wäsche musste noch im Kochtopf eingeweicht werden. Der Herd musste befeuert werden. Geld für die notwendigsten Lebensmittel war auch selten vorhanden, denn mein Vater, der es auf stolze drei Ehen mit vier Kindern innerhalb kürzester Zeit nach dem Krieg brachte, versoff das meiste seines ohnehin spärlichen Lohns. Er war kein Karrieretyp, eher so eine Art verkappter Lebenskünstler, der mit den knallharten Realitäten des Lebens einfach nicht zurechtkam. Meine Mutter war mit diesem Mann aber überfordert und so gehörte es auch zu meiner Aufgabe, den betrunkenen Vater nach der Rückkehr von seinen zahlreichen Sauftouren zu versorgen. Eigentlich war das ja alles für ein dreijähriges Mädchen viel zu viel. Dennoch weinte sich auch meine Mutter an meiner Kinderbrust aus, wenn sie nicht mehr ein noch aus wusste.

Ja, so sah der Start meines Lebens aus und das blieb so, obwohl sich ab 1958 wenigstens die Wohnverhältnisse verbesserten. Die Wohnung war nun größer, aber immer noch viel zu klein, um die wachsenden Probleme auffangen zu können. Im Gegenteil. Für uns Kinder verschlechterte sich die Situation, denn meine Eltern hatten nun ein eigenes Schlafzimmer und das Ehebett passte auch komplett dort hinein. Meine Schwester und ich mussten uns aber ein altes Sofa, das früher in der Küche gestanden hatte, teilen und dennoch blieben wir von den nächtlichen Aktivitäten unserer Eltern nicht verschont. Die beiden hatten wohl beschlossen, das Beste aus ihrer Zwangsehe zu machen, und feierten unter den Klängen des Gerhard Wendland bis zum frühen Morgen ungeachtet dessen, dass Kinder und Jugendliche Schlaf brauchen, wenn sie in der Schule aufmerksam zuhören sollen. Die Angst griff zum ersten Mal bei uns beiden Mädchen um sich, als wir selbst in die Pubertät kamen und ahnten, was womöglich auch auf uns, als werdende Frauen, zukommt. Ich tröstete meine Schwester immer wieder abends, wenn sie nicht einschlafen konnte, indem ich ihr Geschichten, die ich mir ausgedacht hatte, erzählte und wenn das nichts half, sang ich ihr Schlafliedchen vor, die ich von der Oma gelernt hatte. Unsere Oma war nämlich auch so eine Frau, der Kinder-Küche-Kirche als Lebensaufgabe aufgezwungen wurde, und sie fand nur Trost, wenn sie mit ihren Betschwestern die Stadtmission aufsuchte. In diesem Frauenkreis war sie ungestört von all den tausend Wünschen, die ihr Ehemann und vormaliger Arbeitgeber, des fanatischen Evangelisten gewesen, ständig an sie richtete.

Ich hatte natürlich auch Angst wegen diesem Getöse von nebenan und den Schlägen meiner Eltern. Meine Angst interessierte aber überhaupt niemanden, denn ich war es doch, die trösten sollte, und selbst wenn ich Trost im Gebet suchte, wurde ich ausgelacht. „Ich hätte wohl auch jetzt den religiösen Wahn wie die Oma", lästerte meine Mutter, die zunehmend auf zahlreiche Beruhigungsmittel zurückgriff um diese mit Rotwein runterzuspülen. Also hielt ich auch da meinen Mund, wenigstens nach außen hin, denn innerlich sprach ich ständig mit ihm, dem lieben Gott.

Als jedoch meine Schwester die Gesellschaft ihres Freundes und späteren Ehemanns meiner vorzog, verließ ich das Haus, das nie mein Zuhause war. Es begann eine lange Reise des Schweigens. Ich hatte all das getan, was von mir erwartet wurde. Geheiratet, Kinder bekommen, Küchen gewischt, der Kirche gedient, indem ich ihre Arbeit der Krankenpflege besser gemacht habe, als diese das selbst konnte, der gesellschaftlich opportunen Ideologie der emanzipierten Frau gefrönt, aber dann, irgendwann, genauer am 02.11.1999 hatte ich die Nase gestrichen voll. Ich setzte mich hin, in **mein** Büro, von **meinen** Kindern umgeben und opferte all die mir aufoktroyierte Ideologie, um für **meinen** Mann frei zu sein.

Meine Lieben: Diesen Schritt habe ich nie bereut, obwohl er mich fast das Leben gekostet hat. Eine Frau, die jedoch nicht bereit ist, für ihre Ideale zu sterben, ist die Gnade der Freiheit auch nicht wert.

Gedanken einer Gottlosen

Gott ist die Liebe!

Mit diesem einprägsamen Satz wuchs ich als Kind in den 50er Jahren auf. Die Betschwestern meiner Oma streiften dieser unantastbar anmutenden Feststellung die Melodie des bekannten Weihnachtsliedes „Am Weihnachtsbaum, die Lichter brennen" über, so dass, der evangelischen Tradition widersprechend, ein fast liturgischer Gesang entstand:

> Gott ist die Liebe,
> Gott ist die Liebe,
> Gott ist die Liebe,
> ER liebt auch Dich.
>
> Drum sag ich's noch einmal:
> Gott ist die Liebe,
> Gott ist die Liebe,
> ER liebt auch mich.

Nun, das war doch mal was, sagte ich mir als hilfloses, einsames Kind in ein Elternhaus hineingeboren, wo von Liebe, zumindest mütterlicherseits, zwar viel geredet wurde, gespürt hatte ich aber nichts davon. Mein Vater war ein ebenso liebenswerter wie schwacher Mann, der es kaum schaffte, den Forderungen und Wünschen seiner Frau gerecht zu werden. Für die Bedürfnisse seiner Kinder gab es da kaum mehr ein offenes Ohr. Ich hingegen war stark und suchte einerseits eine Autoritätsfigur, die für meine Fragen ans Leben eine Antwort bereit hatte, andererseits die Liebe, die mir bedingungslos entgegengebracht würde. Und weil ich mit Opa und Oma zwei gute Christen, Opa beim Blauen Kreuz engagiert und Oma bei der Stadtmission, gern zu tun hatte, lag es nahe, wer diese anspruchsvolle Rolle in meinem Leben übernehmen konnte. Ich wollte damals schon hoch hinaus und wählte keinen geringeren als **GOTT persönlich!** ER alleine sollte mein Wegweiser, mein Beschützer sein. Wenn ich das heute so schreibe, fällt mir auf, mit welch maßlos hohem Anspruch ich mein noch junges Dasein antrat. Nun, das Leben hat mir gründlich den Kopf zurechtgerückt und den Schleier der kindlichen Träume vom Gesicht gerissen.

Vor einigen Jahren rief ich am Punkt tiefster Verzweiflung angekommen zum Himmel. „Gott, worin liegt meine Sünde?" Die Antwort habe ich nicht sofort erhalten, sondern nach und nach. Gott hieß zwischendurch Allah und dann SINN, bis ich endlich merkte, dass ich gegen das erste Gebot verstoßen hatte. Ich hatte mir von Gott ein Bild gemacht. Die christliche Welt, in der ich aufgewachsen bin, hat es mir leicht gemacht. GOTT ist ER, der HERR! Vielleicht glauben deshalb mehr Frauen an IHN als Männer. Männer setzen sich dafür schnell an die Stelle Gottes nicht nur innerhalb der Kirche, wo wir durch den Papst sogar einen Stellvertreter Gottes auf Erden haben. In allen monotheistischen Religionsgesellschaften genießen Macht- und Herrschaftsbelange oberste Priorität. Die drei Weltreligionen Judentum, Christentum und Islam haben jedoch eines gemeinsam, und das ist Jahwe, Gott oder Allah, der einzige und allmächtige Herrscher über Himmel und Erde, welcher über allem steht und über alles erhaben ist.

Das Bild vom Herrgott wurde von mir als kritisch denkendes Mädchen keineswegs widerspruchslos hingenommen. Es begann ein langer Weg des Protests und Aufstandes gegen diesen übermächtigen, alles bestimmenden Gott, der Herr über Leben und Tod sein soll. Das Feuer, welches dabei in mir tobte, schien der freigesetzten Energie einer Atomkernspaltung gleich zu sein. Es begann ein Kampf der Giganten. Nur, wer war der oder die andere, welche(r) sich auf eine Auseinandersetzung mit Gott eingelassen hatte?

Die Liebe ist Gott! Die gleichen Worte nur in umgekehrter Reihenfolge und mit der Betonung auf **LIEBE!** War das des Rätsels Lösung? Die Liebe, welche das Bild Gottes bekämpft und letztlich zerstört? Weit gefehlt! Im Namen der Liebe sind ebenso viele Verbrechen begangen worden wie im Namen Gottes, wenn nicht mehr. Womöglich liegt das daran, dass die Menschheit sich von der Liebe ebenso ein Bild gefertigt hat wie von Gott. Die Liebe. Weiblich, verführerisch, empfangend, duldend, alles ertragend, alles verzeihend. Diese vorwiegend an Frauen gerichteten Erwartungen sind jedoch genauso unmenschlich wie die Vorstellung vom alles regelnden unerschöpflich spendenden Gottvater (Vater Staat).

Was tun?

Geglaubt habe ich an Gerechtigkeit,
aber die gibt es nicht.
Gehofft habe ich auf Brüderlichkeit,
aber die gibt es nicht.
Geliebt habe ich die Freiheit
und die wurde mir genommen.

Eingebunden in Verpflichtungen und Verantwortlichkeiten, die mich schier zu erdrücken drohen, gibt es keine Freiheit, ja noch nicht einmal Zeit für Liebe. Keine Freiheit, keine Liebe. Ja bin ich denn von allen guten Geistern verlassen, wenn ich erwäge, wieder von vorne anzufangen mit Glaube, Hoffnung, Liebe, nur an einem anderen Ort, mit einem anderen Mann? Ich liebe einen Mann hier in Deutschland. Mein Herz ist nackt und bloß ohne jeglichen Schutz gegen dieses überwältigende Gefühl Liebe, welches einem Menschen gilt. Und wieder rufe ich zu Gott: „Hilf mir, den Weg zu diesem Mann zu finden." Denn ich bin nur ein Mensch mit einer begrenzten Zeit hier auf der Erde und die will ich nach dem Willen Gottes mit Leben füllen, indem ich als Frau mit einem Mann gemeinsam eine Aufgabe bewältige, die da heißt: **Der Abschied vom Leben muss genauso ernst genommen werden wie die Begrüßung.**

Oma Lang jedenfalls konnte weder schreiben noch lesen, aber ihr Glaube war unerschütterlich und drückte sich in vielen Liedern aus, die in der Kirche gesungen wurden. Dieser Glaube hat sich auf mich übertragen. Doch leider habe ich meinen kindlichen Glauben verloren, als ich zu denken anfing, und irgendwann dann einmal meinte, ich wäre vielleicht sogar noch schlauer als der liebe Gott. Auch hierzu gibt es ein Gedicht, das mit **Gott und der Mensch** *übertitelt ist.*

Gott und der Mensch

*Der Mensch denkt,
Gott lenkt,
denkt der Mensch.*

*Gott denkt,
der Mensch lenkt
in welche Richtung?*

*Gott sieht alles
außer Dallas,
denkt der Mensch.*

*Gott sieht nichts,
ER hat keine Augen
und auch kein Gesicht.
ER hat noch nicht einmal Verstand.*

*ER sieht nichts,
ER hört nichts,
ER denkt nichts,
ER ist nicht.*

*Was nun, Mensch?
Wohin lenkst DU,
wenn DIR niemand sagt,
was DU zu denken hast?*

*Mann, Mann,
Du bist auf dem Irrweg!
Das kommt davon,
wenn Mann zu viel denkt.*

Bis ich zu dieser Erkenntnis gelangte, mussten viele Jahre vergehen und ich musste viele Enttäuschungen hinnehmen und eigentlich habe ich ja auch nicht den Glauben an Gott verloren, sondern an diejenigen, die sich für Gott halten, und das sind nun mal verdammt und zugenäht diese verfluchten Männer, die sich so furchtbar wichtig nehmen und meinen, die Welt würde untergehen, wenn es sie nicht mehr gäbe.

Du bist anders. Das sage ich nicht einfach so. Es ist so! Das habe ich sofort gesehen, als Du mich im Wieners am Nachmittag des 8. Dezember 2001 angequatscht hast. Du warst entschlossen, Dich gezielt mit diesem billigen Prosecco-Gesöff zu besaufen. Der Aschenbecher quoll fast über von den vielen Marlboro-Kippen und Deine Mimik war zwischen gereizt und frustriert festzumachen. Es hat mich eigentlich nicht interessiert. Wieder so ein abgehalfterter Endfünfziger, der sich dumm bezahlt an irgendeine doofe Nuss von Ehefrau. Die Kinder lassen sich nur blicken, wenn's was zu kassieren gibt. Im Beruf drängen Jüngere nach und für die Eroberung eines jungen Weibes fehlt das Selbstvertrauen. Egal. Ich hab genug eigene Probleme und schließlich kümmert sich um mich auch keiner, obwohl ich nicht saufe und nicht rauche und keine Alimente zu zahlen habe und berufliche Konkurrenz immer unter mir stand und es für mich auch heute noch eine Kleinigkeit ist, einem jungen Kerl die Spiele der Liebe beizubringen.

Doch Dein Blick ließ mich nicht los. Irgendwie hatte ich keine richtige Lust mehr, meinen täglichen Kampf aufs Papier zu bringen, und als dann Deine Stimme zu den tief eingegrabenen Falten Deines Gesichtes passte, wusste ich, der ist es, mit dem ich bis zum Lebensende Seite an Seite meinen Weg gehen werde. Ich kann Dir nicht sagen, warum man das weiß, aber es ist so und der Rest des Abends hat mir recht gegeben. Wir waren beide nicht gut in Form. Ich hatte einen schrecklichen Tag bereits hinter mir, bin morgens um 10 Uhr von der Klopperei eines Polizeistocks an meinem Küchenfenster aus dem Bett geworfen worden und habe fluchtartig das Haus verlassen. Noch nicht einmal geduscht war ich, als ich nach einer unerfreulich ausgefallenen Stippvisite bei meiner ältesten Tochter in Pirmasens, die mir den Zutritt zu Ihrer Wohnung verwehrte, nach Kaiserslautern gefahren bin, um mich dort beim Besuch des Weihnachtsmarktes etwas abzulenken.

Ich kehrte in das Lokal ein, wo ich einen Tag zuvor mit zwei Frauen stundenlang geredet habe und mich zum ersten Mal überhaupt wenigstens ein kleines bisschen verstanden gefühlt habe. Um mich aufzuwärmen, bestellte ich eine große Tasse Milchkaffee, mein Lieblingsgetränk. Und dort traf ich dann auf Dich!

Du warst krank und irgendwie mit Deiner sehr verspäteten Scheidung in Gedanken beschäftigt. Zwei Gestrandete wie im kitschigsten Hollywoodfilm. Wahrlich, das irdische Leben scheint oft genug wirklich ein einziger schlechter Witz zu sein, den es einfach zu ertragen gilt. Als ich Dich auf deinen sichtbar schlechten Gesundheitszustand angesprochen hatte, hast Du mir ein Medikamentenrezept gezeigt, das dir Schwierigkeiten bereitet, es einzulösen. Spontan und hilfsbereit, wie ich nun mal bin, habe ich dir angeboten, dies bei einer bekannten Apotheke für dich abzugeben. Als Du mir allerdings signalisiert hast, im Moment kein Bargeld für die privat zu zahlenden Medikamente zu haben und die deutschen Apotheken keine amerikanischen Kreditkarten akzeptieren würden, habe ich mich bereit erklärt, für dich in Vorleistung zu gehen.

Deine ungläubige Miene habe ich mit einer mir bekannten Liedzeile der isländischen Sängerin Björk aus ihrem Debütalbum erwidert. „I will nurse you", habe ich in sauberem Englisch zu Dir gesagt, ein waghalsiges Versprechen, wo ich doch gerade allerhand mit mir selbst zu tun hatte.

Nachdem ich bestückt mit dem rezeptierten Antibiotikum und einer großen Packung Schmerztabletten Deiner Einladung gefolgt bin und Dich in deine Wohnung in der Kaiserslauterer Fußgängerzone begleitet hatte, machtest Du mir aus einer Mischung von Volltrunkenheit und Glückseligkeit wegen der Dir unerwartet dargebotenen Hilfe eine Liebeserklärung, wie ich sie noch nie zu hören bekommen hatte. Ich bin dann auch über Nacht geblieben, mit den erwartbaren Folgen. Was wir aber in den folgenden 24 Stunden erlebt hatten, war ein Geben und Nehmen von Liebe. Das klingt einfach, ist es aber nicht. Denn wir sind beide großartig im Geben, können aber nicht nehmen. Dir haben der Alkohol und deine Krankheit die Sache etwas einfacher gemacht. Ich musste ein bisschen durch die Hölle, aber ich konnte Deinem Blick nicht ausweichen und Deine Worte, dass Du **Angst** hast, **vor Liebe** zu mir zu sterben, klingen mir noch jetzt in den Ohren.

Angst vor Liebe

Was verstehst Du unter Liebe?
Mich benutzen,
um mich anschließend wegzuwerfen,

mich schlagen,
um mich anschließend zu trösten,

mich begleiten,
um sich selbst zu entladen,

mich lieben,
um mich anschließend zu hassen?

Ich verstehe unter Liebe,
Dich versorgen,
damit es Dir gut geht,

Dich streicheln,
um Dich zu entspannen,

Dir die Hand reichen,
um mit Dir zu gehen,

Dich zu erforschen,
um Dich anschließend zu kennen.

Verstehen wir uns,
dann lieben wir uns.

Sonntag, der 9. Dezember 2001, mein 50. Geburtstag

Es war für uns beide zu viel, was wir in den letzten Stunden erlebt hatten, und so war es nur logisch, dass ich mich nachts gegen zwei Uhr aus dem Haus schlich und Du mich noch gestern, nach fünf Tagen Pause, wieder nach Hause geschickt hast. Ich war ehrlich gesagt erleichtert, denn eine Wiederholung des Wochenendes zuvor wäre für uns beide würdelos gewesen. Du bist kein Alkoholiker und ich keine Nutte. Ich bin dir sogar sehr dankbar, dass Du nur eine Tasse Tee, wie versprochen, mit mir getrunken hast. Wichtig war jedoch, dass Du mich heute hereingelassen hast und mit mir geredet hast. Ich weiß nicht, was passiert wäre, wenn Du einfach überhaupt nichts mehr von Dir hättest hören lassen. So hatte ich Gelegenheit, mich davon zu überzeugen, dass Du ein ordentlicher Hausmann bist, eigenständig, nicht angewiesen auf die rührigen Hände einer Hausfrau und Du konntest Dich davon überzeugen, dass ich Dich auch dann nicht um Hilfe bitte, wenn ich sie eigentlich bitter nötig hätte. Wir sind beide sehr wohl in der Lage, unsere Probleme selbst in den Griff zu bekommen, und genau deswegen werden wir auch ein Leben lang Freunde und Partner sein, weil wir uns auf einer völlig gleichberechtigten Ebene begegnet sind. Wir haben uns gegenseitig viel zu geben. Wir müssen nur noch lernen, dieses Geschenk des anderen auch anzunehmen. Aber wir werden das schaffen, liebster Dennis, denn Du bist wunderbar knallrot geworden, als ich Dir gesagt habe, dass ich Dich lieb habe, und ich war ganz gerührt, weil Du Dich entschuldigt hast wegen Deines echt amerikanisch schlechten Benehmens. Mein Gott, was soll's! Schicksal Kumpel, es gibt Schlimmeres.

Für heute, den 15. Dezember 2001 soll es genug sein. Morgen geht es weiter. Allerdings habe ich diesem Brief noch ein paar Gedichte beigefügt, die du irgendwann einmal in aller Ruhe lesen kannst.

Lebendiger Tod

Manche sterben durch Krankheit.
Manche sterben durch Unfall.
Manche sterben durch Gewalt.
Manche sterben durch ihre eigene Hand.
Manche sterben an Altersschwäche.

Viele sterben an Lieblosigkeit,
und das ist der schlimmste Tod,
weil man danach noch weiterlebt.

Kaiserslautern, 6. Mai 1995

Ich bin

*Ich bin
eine Perle,
entstanden
aus einem
Sandkorn
und der Bewegung
des Meeres,
um den Preis
der Verletzung
meiner Mutter,
der Muschel.*

Eva-Maria

Muttersprache
Vaterland

*Meine Mutter
ist wie mein Land.*

*Ich betrachte Euch
und sehe,
dass man zusammenzwingt,
was nicht zusammengehört.*

*Und dennoch,
es entstand ein Kind,
das, einer offenen Wunde gleich,
Eurem mahnenden Zeigefinger
zu entfliehen sucht.*

*Ich trage nicht die Schuld meines Vaters,
wohl aber die Sprache meiner Mutter.
So spricht mein Herz zu mir:*

*„Deine Mutter ist immer bei Dir
in jedem Schmerz,
in jeder Freude,
in jedem Land.*

*Deinen Vater lass getrost hinter Dir,
denn jeder Mann ist besser als der,
welcher Dich aus Lust an der Zerstörung
gezeugt hat."*

*Ich liebe meine Mutter
wie meine deutsche Sprache.
Beide sind nicht leicht zu verstehen,
aber hat man sie einmal begriffen,
verschwindet jegliches Gefühl
von Verlassenheit.*

Side, 20. September 1998

Bekenntnis

*Der Eingang meines Irrgartens heißt
Hilflosigkeit.*

*Der Ausgang ist zu finden in
Tapferkeit!*

Dansenberg, Juni 2001

Stachel im Fleisch

*Ich bin der Stachel
im Fleisch der Selbstgerechten.
Sie wollten nur die Blüte haben
verletzten sich aber beim Brechen der Rose
an deren Stachel!*

*Nun sitze ich da,
als Stachel im schmerzenden Fleisch,
die Blüte längst verdorrt.
Warum konntet ihr euch nicht freuen
an der frei dastehenden Blume?*

*Doch ihr irrt euch.
Ich bin nicht tot!
Ein Samenkorn fiel beim Brechen
auf fruchtbare Erde*

*Und wieder beginnt der Weg
über Stängel Blatt und Stachel
hinauf zu schönstem Rosenrot.*

Breitenau, 07. April 1998

Eva-Maria

Glaube Hoffnung Liebe

*Ich glaube
an die Wahrheit und Gerechtigkeit.*

*Ich hoffe
auf ein Leben in Schönheit und Natürlichkeit.*

*Ich liebe
die Sonne, das Wasser und die Berge.*

*Ich glaube an
Ich hoffe auf
Ich liebe
Dich und mich.*

Flughafen Antalya 03. Februar 2000

Lippenbekenntnis

*Wenn das Reden keinen Anfang findet
sucht das Schweigen ein Ende.*

*Wir verstehen uns
ohne drüber zu reden.*

*Wo zwei Herzen sich verständigen
bewahrt der Mund Stille.*

*Die Sprache des Kusses,
ist das einzig wahre Lippenbekenntnis*

Breitenau, Juli 1998

16. Dezember 2001

Hi Dennis,

es ist spät heute am dritten Adventssonntag, den 16.12.2001. Um diese Zeit bin ich normalerweise schon im Bett, zumal ich mich heute nicht besonders wohlfühle. Ich habe Kopfschmerzen nicht so stark wie Du, aber immerhin es reicht mir! Trotzdem schreibe ich Dir, denn ich will den schönen Kontakt zu Dir nicht gleich am Anfang schon wieder verlieren, nur weil sich heute so viele Probleme bei mir eingestellt haben.

Gestern Abend bin ich richtig zufrieden zu Bett gegangen und ich habe auch gut geschlafen. Geträumt habe ich von Dir, dass Du mit mir geredet hast. Ich solle aufpassen! Da wären ein paar Deppen, die mir einfach keine Ruhe lassen würden. Ich habe Dich direkt vor mir gesehen in Deinem schönen graugrünen Hemd, das mir so gut gefällt, und Du warst auch gar nicht mehr so krank. Dafür aber sehr ernsthaft und liebevoll mit mir.

Als ich dann aufgewacht bin, so gegen 9 Uhr, schaute ich zum Fenster hinaus. Die Nachbarin von gegenüber war auch schon wach und hantierte in ihrer Küche. Sie schaute mich an, grüßen tut sie nicht. Sie kann mich nicht leiden, weil ihr Freund ein paar Mal sehr nett zu mir war und sie doch viel jünger und hübscher ist als ich. Im Moment sehe ich sowieso schrecklich aus. Meine Haare sind eigentlich sehr schön lockig und voll wie eine Löwenmähne. Die vergangenen 6 Monate haben mir jedoch fast alles an jugendlichem Elan genommen. Zu hart ist der Kampf gegen Männer, die eigentlich wollen und dann doch wieder nicht, bis ich jetzt wirklich Schluss gemacht habe mit den Brüdern meiner Generation. Alles Deutsche und die fühlen sich wahnsinnig klug und stark und wollen mir ständig beweisen, was für eine blöde Kuh ich bin. Vielleicht bin ich ja eine dumme Kuh, aber dann will ich wenigstens keinen Ochsen an meiner Seite haben. Ich will auch keinen Bullen oder noch schlimmer einen Rassehengst, für den sich viele trotz fortgeschrittenen Alters immer noch halten. Du weißt, was ich will. Einen zärtlichen Mann, der mich in den Arm nimmt und lieb zu mir ist. Es gibt nur einen, der das kann, und das bist Du.

Na jedenfalls bin ich aufgestanden, habe Holz geholt aus dem hinterm Haus gelegenen Wald, Feuer gemacht, Kaffee gekocht, drei Kerzen angezündet, mir eine CD mit jüdischer Klarinettenmusik aufgelegt und einfach vor mich hingedacht. Dabei ist mir eingefallen, dass ein Hochschullehrer der Hochschule Kaiserslautern in meinem Haus in Dansenberg herumhantiert. Mit Unterstützung meiner ehemaligen Kollegin und Nachbarin Brunhilde hat er einfach mein Türschloss auswechseln lassen und als ich das bei der Polizei gemeldet habe, haben die mich ausgelacht, weil man ja kein Haus klauen kann.

Ich bin dann weggefahren nach Konstanz am Bodensee, weil ich einfach keine Lust mehr hatte, mich mit all diesen Arschlöchern noch länger herumzuärgern. Das war am 26.11.2001. Als ich dann nachts am 05.12.2001 zurückgekommen bin, hat mir irgendjemand auch das Haus hier auf der Au ausgeräumt. Ich wollte das wieder anzeigen. Den Weg zur Kriminalpolizei am Pfaff Platz hätte ich mir sparen können. Schon einmal im Oktober 1999 war ich dort und hatte eine Strafanzeige wegen Verbreitung von Kinderpornographie vorbereitet. Aus einer Laune heraus hatte ich eine Anzeige in der Sonntag Aktuell geschaltet, um zu sehen, wie die Männer meines Alters so ticken. An den genauen Text kann ich mich nicht mehr erinnern. Die Initialzeile ist mir aber noch im Gedächtnis. „Rassestute sucht Grauschimmel". Was folgte, hatte ich nicht erwartet. Ein Wäschekorb voller Zuschriften überflutete meinen Hausbriefkasten Breitenau 8, 67661 Kaiserslautern, darunter auch Zuschriften mit eindeutig kinderpornographischem Inhalt. Das habe ich anzuzeigen versucht. Die Polizisten jedoch johlten vor Lachen und fanden großen Gefallen am dargestellten Bildtext. Für mich hatten sie nur Verachtung übrig und betitelten mich als notgeile Endvierzigerin! Ich zog damals kopfschüttelnd ab, vernichtete den ganzen Dreck und behielt eine Zuschrift bei mir. Es handelte sich um die Zuschrift eines Mannes namens Michael K., Jahrgang 1951. Mit ihm habe ich mich zweimal in einer alten Weinstube in Kaiserslautern, dem Spinnrädl, getroffen und das war's! Herr K. hatte Talent, sich schriftlich gut auszudrücken. Die Realität hat jedoch schnell gezeigt, dass er nicht an mir interessiert war, sondern an meinen beruflichen Aktivitäten als

Konzeptschreiberin für ein Modell zur Rehabilitation geriatrischer Patienten!

Wieder habe ich Ruhe bewahrt und einfach so weitergemacht, als ob nichts wäre, bis zum Samstag, den 08. Dezember 2001. Da haben morgens um 10 Uhr diese Polizisten wie verrückt an meiner Haustür geklopft und mit dem Stock ans Fenster geschlagen. Mein Herz schlug bis zum Hals. Ich hab nicht aufgemacht, solche Angst hatte ich vor diesen Männern, die vor nichts zurückschrecken, obwohl wir doch in Deutschland leben und wir auch keinen Krieg haben. Selbst wenn Krieg wäre. Frauen und Kinder lässt man in Ruhe. Nicht so in unserem deutschen Herrenland. Hier gibt es so was wie Rücksichtnahme auf alleinstehende Frauen und deren Kinder einfach nicht. Im Gegenteil. Zigarette geraucht, weggeworfen und auf die Kippe noch draufgetreten. So war das doch in dem einen Gedicht von der Frau, die 1955 in Deutschland geboren wurde. Sie weiß, wovon sie schreibt. Genauso ist es bei uns hier in Deutschland 55 Jahre nach dem Ende des von uns angezettelten Zweiten Weltkrieges.

Wir Deutsche sind ein schreckliches Volk. Zu allen Zeiten hat man vor uns Angst haben müssen. Wir sind auch nicht wirklich reumütig geworden, nachdem wir den Krieg schon zum zweiten Mal im letzten Jahrhundert verloren haben. Im Gegenteil. Die deutsche Politik ist zurzeit unter einer rot-grünen Regierung besonders kriegsfreundlich. Du kannst mir ruhig glauben. Ich schäme mich, Deutsche zu sein in einem Land, in dem Männer, die meine Brüder sein könnten, sich den Amerikanern geradezu anbieten, um auch deren zum Teil recht menschenfeindliche Politik zu forcieren. Ich habe in den letzten Monaten seit dem 11. September 2001 derart viel zu Gott gebetet wie noch nie in meinem Leben. Immer wieder habe ich Gott angerufen, diesem Wahnsinn doch endlich Einhalt zu gebieten. Denn so schlimm der Tod von vielen Tausend unschuldigen Menschen in den Vereinigten Staaten Amerikas auch sein mag, man kann einfach **nicht Blut mit Blut reinwaschen.** Das geht nicht! Es gibt doch andere Mittel, wie die des Verstandes, mit Terroristen wie Bin Laden fertig zu werden. Na ja, mittlerweile sieht es so aus, als hätte Gott nicht nur meine Gebete erhört. Denn die Sorgen, die ich mir mache, teilen mittlerweile viele Menschen auf der Welt, und das ist auch gut so.

Der Tag hatte dann irgendwie etwas Schweres an sich, so dass ich mittags einen langen Spaziergang durch den eiskalten Winterwald gemacht habe. Dort bin ich dann wieder auf schöne Gedanken gekommen. Ich habe über den Sinn eines Punktes nachgedacht. Ein Punkt beendet einen Satz und steht vor dem Beginn eines neuen Satzes. Du findest das vielleicht doof, dass ich mir wegen so etwas Gedanken mache. Es steckt jedoch ein Stück Philosophie dahinter. Denn das Thema Ende und Anfang beschäftigt mich seit geraumer Zeit. Eines ist klar. Ohne Ende gibt es keinen Anfang und der Anfang ist das Ende vom Ende. Alles klar, Kumpel? Mir schon. Schließlich hast Du mir so schön die Brille geputzt und seit diesem Freitag sehe ich alles viel klarer. Wirklich!

Zum Beispiel sehe ich, dass da noch ein paar Dinge abzuschließen sind, bevor ich ein richtig neues Leben anfangen kann, und ich will das, und zwar mit Dir. Zunächst muss jedoch der ganze Kram aus meiner Vergangenheit geregelt sein. Dazu gehört auch das Finanzielle. Da sieht es im Moment nicht gerade rosig aus, was damit zu tun hat, dass ich nur unter allerhöchstem Einsatz wieder an mein Vermögen herankomme.

Das Geld alleine interessiert mich aber auch nicht. Es muss Liebe in Sicht sein, nicht nur zu Sonne, Wasser und Bergen, sondern auch zu Menschen. Ich war in meinem bisherigen Leben zwar sehr zugeknöpft, vor allem wenn es um das Zeigen von Gefühlen ging. Dafür war ich in materiellen Dingen mehr als großzügig. Diese unglückselige Kombination hat mich dann auch ruiniert. Ich bin einsam und arm. Nicht so toll. Aber da muss ich wohl durch. Die Fehler, die man gemacht hat, müssen abgebüßt werden. Auch das gehört zum Ende, bevor ein neuer Anfang da sein kann.

Ich hab ein bisschen Sehnsucht nach Dir, nicht so toll. Es ist zum Aushalten, aber Du fehlst mir ein Stück weit. Deine Art, wie ich Dich am Freitag beim Teetrinken kennengelernt habe, gefällt mir. Du bist kein überheblicher Typ, obwohl Du wahrscheinlich eine leitende Stellung hast bei der US-Armee, und Du hast auch nichts Belehrendes an Dir, obwohl Du sehr viel von der Welt gesehen hast. Ich mag Deine Bescheidenheit, Deine Schüchternheit, wenn Du nichts getrunken hast, Deine Ordentlichkeit, von der ich richtig beeindruckt war. Du bist ernst, aber auch sehr interessiert und irgendwie fühlst Du mit mir, ohne darüber zu reden. Das finde ich besonders angenehm. Kurz: Deine Verhaltensweise macht es mir leicht, einen Punkt hinter meine Vergangenheit zu setzen und mich zaghaft einer neuen Zukunft zu öffnen. Es wird aber noch dauern, bis ich Dich anrufen werde, um zu fragen, wie es Dir geht und ob wir noch mal was zusammen machen.

Heute am 18.02.02 war es so weit. Ich habe dich angerufen, jedoch nichts gesagt, aus lauter Angst, etwas Falsches zu sagen. Dabei verzehre ich mich nach Dir ollen Ami. Ich brauch wohl noch ein paar Tage. Hilf mir! Dann mach ich hier den Abgang, und zwar zu Dir, mein Darling. Die anderen Jungs können mir echt den Buckel runterrutschen mit ihrem deutschen Fleiß, der nur auf meinem Rücken zum Erfolg wird. Ich bin fertig mit den Typen, die mich nur zum Heulen bringen. Ich hab einen gesoffen. Vielleicht saufe ich noch einen, damit mir auch einmal die Wahrheit ins Hirn schießt.

Aber Briefe schreibe ich Dir. Die kannst Du ja wegwerfen, wenn Du sie nicht magst. Am Telefon musst Du schon ein bisschen höflich sein. Denn ich war es auch zu Dir, obwohl Du schon, wie Du selbst gesagt hast, ein bisschen weit gegangen bist. Aber jetzt verrat ich Dir mal was: Es hat mir riesig Spaß gemacht, mich mit Dir ein wenig daneben zu benehmen. Das können wir ruhig öfter machen. Schließlich sind wir alt genug und müssen niemandem Rechenschaft ablegen.

Da ist übrigens etwas, das mir leidtut. Aus einer Mischung von Enttäuschung und Übermut habe ich an meinem Geburtstag meinen Sohn angerufen. Das hätte ich besser nicht getan. Denn gleich ging das Gequatsche los: Die Mutter hat einen neuen Freund. Meine Kinder sind diesbezüglich nicht vertrauenswürdig und ich hätte es besser bleiben lassen, Dich ihnen bekannt zu geben. Tut mir leid, Dennis. Nicht mehr rückgängig zu machen. Früher haben sich meine Kinder um mich gekümmert, wenn ich mal krank war. Das war nicht oft. Aber wenn, dann ging es mir sehr schlecht. Irgendwie ist das aber alles vorbei und ich weiß gar nicht so recht, warum. Ich will auch nicht darüber nachdenken, weil es so verdammt weh tut, zu sehen, wie mich meine fast 28-jährige Tochter einfach auf der Straße stehen lässt, obwohl ich doch dringend mit ihr reden muss. Sie will nicht. Es ist vielleicht auch besser so. Meine Tochter hat mir nur Probleme bereitet von Geburt an. Sie ist die illoyalste Person, die ich in meinem Leben kennenlernen „durfte". Eine Petze, auf Hochdeutsch Denunziantin. Privates plaudert dieses im Mai 1974 geborene Menschenkind aus, wie es schlimmer ein Waschweib nicht tun könnte. Mütterliche Fürsorge lehnt sie höhnisch lachend strikt ab. Wenn dann das Kind in Form einer unfreiwilligen Schwangerschaft in den Brunnen gefallen ist, muss es die Mutter wieder richten. Ich bin eine entschiedene Gegnerin von Abtreibung! Wir leben im 20., demnächst 21. Jahrhundert. Wer jedoch als gerade mal 15-Jährige nachts aus der elterlichen Wohnung ausbricht, um sich in die Altstadt Kaiserslauterns zu begeben, muss damit rechnen, dass sich dort nicht gerade das Bildungsbürgertum Kaiserslauterns herumtreibt. Es sind halt nach wie vor amerikanische GIs, die dort nach ihrem billigen Vergnügen suchen. So ist es auch wenig überraschend, wenn die 15-Jährige im November 1989 eine von ihr allein gewollte Abtreibung über sich ergehen lassen musste. Ich wurde übrigens meines Sorgerechtes damals beraubt, weil der Gynäkologe und SPD-Unterbezirksvorsitzende im Schulterschluss mit meiner Tochter beschlossen hat, den mehr als 12 Wochen alten Embryo dem chirurgischen Eingriff eines gewissenlosen Arztes zu überlassen. Für mich hätte es andere Alternativen gegeben. Aber meine Meinung und Haltung war nicht gefragt! Für meine madonnenhaft schöne Tochter war danach das gesellschaftliche Leben vorbei. Ihr blieb nur noch der Gang in den Pirmasenser sozialen Brennpunkt.

Meine drei „Vorzeigekinder" haben exakt an dem Tag den Abgang zu ihrem Vater gemacht, als der ihnen ein eigenes Konto eingerichtet hatte, mit dem er den eigentlich an mich zu zahlenden Unterhalt an jeden Einzelnen direkt ausbezahlt hat, allerdings unter der Bedingung, dass sich die Kinder dafür aussprechen, dass das Sorgerecht auf ihn übertragen wird. Alle drei Gymnasiasten haben sich auf den Handel mit dem Teufel eingelassen. Ich fiel dabei komplett durch den Rost! Es ist erstaunlich, wie wenig dazu nötig ist, die eigene Mutter zu verraten. Ich kann Dir nicht sagen, ob ich diesen Schock jemals verkraften kann. Ich glaube eher nicht!

Etwas Gutes hat das Ganze an sich. Ich brauche mich jetzt wenigstens nur um mich zu kümmern und damit habe ich auch eine Menge zu tun.

Mein Handy habe ich übrigens in den nahe gelegenen Jagdhausweiher geworfen. Dort kann es jetzt ruhen. Ich habe es einfach nicht mehr ertragen, wer mir da alles seine schmutzigen Phantasien hineingeflüstert hat und die faulen Ausreden meiner mittleren Tochter Marlene wegen ihres ihrer Mutter gegenüber begangenen Verrates brauche ich auch nicht. Du kannst mich also nicht mehr telefonisch erreichen. Vielleicht gebe ich Dir irgendwann einmal meine Adresse, damit Du mir schreiben kannst. Aber bitte in Englisch. Ich will ja schließlich noch was lernen auf meine alten Tage.

Für heute war's genug. Gute Nacht mein Liebling. Ein schwieriger Text aus der Vergangenheit muss aber noch sein.

Domina

Warum verweigern Frauen
den ehelichen Beischlaf?
Weil ihre Männer
einfach zu schlecht sind!

Egomanen,
die nur sich und ihren
kleinen Mann gestreichelt wissen wollen.

Doch straffrei gingen wir dabei nicht aus.
Zuerst wurden wir vergewaltigt.
Dann der Missbrauch unserer Kinder.
Der Triebstau lässt latente Aggressionen
in maßlose Gewalt ausarten.

Wen wundert's, wenn
ob der Meere nicht geweinter Tränen
Frauen fortan sich selbst
und ihre Kinder ernähren wollten.

Feminismus! Karrierefrau! Gleichberechtigung?
Da haben wir Frauen aber
die Rechnung ohne den Mann gemacht.
Wenn wir uns abends schon nicht hinlegen wollen,
dann wird uns eben das Hirn gefickt!

Gibt es denn für uns Frauen
überhaupt keine Freiheit,
weder im
noch außerhalb des Hauses?

Vielleicht doch.
Nur müssen wir wieder von vorne anfangen.
Also:
Zurück ins Haus
und den Herren gezeigt,
wer die Herrin ist.

18. Dezember 2001

Lieber Dennis,

es wird diesen dritten Brief geben und dann werde ich Dir dieses ganze Paket vor Deine Haustür packen und Du kannst damit machen, was Du willst. Aber bitte, gib mir irgendeine Antwort.

Mir ist heute danach, ein wenig über die Liebe zu reden, Thema Nummer eins auf der ganzen Welt. Dabei reden die Leute meistens über **Verlieb**heit, Sex und **Leidenschaft, was mit Liebe jedoch nicht das Geringste zu tun hat.**

Verliebt

*Mein Tag,
so trüb er auch sein mag,
ist immer verliebt,
solang es dich gibt.*

Liebe

Liebe kennt keine Begierde,
Liebe will nichts haben,
Liebe will nichts geben.

Liebe ist

wie die Welle,
die der Wind
im Vorüberwehen,
auf der stillen See erzeugt.

Leidenschaft

Dein Verlangen nach mir
zog mich in den Abgrund der Meere.
Deine Begierde nach mir
ließ glühende Lava in mir emporsteigen.

Unsere Füße haben keinen Stand,
unsere Körper erfrischt kein Wind,
die Seile, die uns zusammenhalten,
sind aus Leidenschaft gedreht.

Ich habe das Meer durchschritten
und mein Vulkan hat Steine gespuckt.
Aus der Umarmung von Feuer und Wasser
entstand eine kühle Hitze.

Es ist dir gelungen!

Ich gehöre auch zu den Menschen, die bisher Liebe mit Leidenschaft oder Verliebtheit verwechselt haben. Sex war für mich schon immer ein notwendiges Übel, um mit einem Mann, in den ich gerade furchtbar verliebt war, zusammenzukommen. Auf eine körperliche Begegnung habe ich mich eingelassen, weil es verlangt wird von einer Frau. Das bekommen wir Mädchen schon sehr früh von unseren Müttern beigebracht. Willst Du einen Kerl, dann leg Dich hin! Scheiße ist das. Aber wer will schon ein Leben lang alleine bleiben?! In dem Moment, als ich das nach viel zu vielen Enttäuschungen wollte, nämlich alleine sein, ohne diese andere, bessere Hälfte der Menschheit, bin ich Dir begegnet. Ich wollte keinen Kerl mehr und Sex schon gar nicht und einen Raucher schon überhaupt nicht und erst recht keinen Ami. Und dann hatte ich plötzlich alles auf einmal. Einen rauchenden Trinker, mit dem ich eine schier unglaublich schnelle sexuelle Begegnung hatte.

Und dann entdeckte ich: Der Kerl ist voller Liebe. Mein Gott. Ausgerechnet an diesem furchtbaren 50. Geburtstag, vor dem ich mich so grauenhaft gefürchtet hatte. Ehrlich, Dennis, ich war noch nie so glücklich wie am Vortag meines 50. Geburtstags. Du hättest alles mit mir machen können. Gegen nichts hätte ich mich gewehrt. Was war denn das! Englisch, Schottisch oder Irisch. Also bestimmt nicht Amerikanisch. Andererseits warst Du der erste Amerikaner, mit dem ich es näher zu tun bekommen hatte. Du bist Europäer. Das muss mal gesagt werden. Nicht umsonst liebst Du Italien, Spanien und deutsche Frauen. Wir sind irgendwie aus dem gleichen Holz geschnitzt, denn wir haben dieselben Träume und den gleichen ernsten, aber herzlichen Charakter. Verliebtheit, Leidenschaft haben gar nicht erst entstehen können. Für das erste Mal ging alles zu schnell und für das zweite Mal brauchen wir noch etwas Zeit. Ich kann Dir aber in Aussicht stellen, dass es sich bei mir nicht gerade um eine leidenschaftslose Frau handelt. Diesbezüglich bin ich aber am besten mit einem Auto zu vergleichen. Die richtig schweren Autos mit einer Menge PS starten langsam. Wenn die richtige Schubkraft im 3. oder 4. Gang die Pferde unter der Haube loslässt, gibt es kein Halten mehr! Ich hatte mal einen dunkelblauen Volvo mit 225 PS und einer Turbomaschine. Dieses elegante Auto habe ich geliebt. Aber wie bei allem, an das sich mein Herz zu hängen drohte, trennte ich mich von dem Luxuskarren und ersetzte diesen durch eine schwarze Limousine. Mit diesem Gefährt bin ich fast in den Tod gefahren. Nicht etwa weil ich zu schnell war. Im Gegenteil: Bei einer Fahrt durchs Kaiserslauterer Unigebiet habe ich an einer Ausfahrt angehalten, und zwar aus Rücksicht auf einen skrupellosen Golffahrer, der sich die Vorfahrt einfach genommen hat. Ich nehme an, es war ein Student der Technischen Universität. Im Rückspiegel konnte ich beobachten, dass eine Opelfahrerin ohne zu schauen ungebremst mir mit voller Wucht ins Heck rast! Mein Kopf schleuderte an die Kopfstütze, und zwar mit voller Wucht. Im Rückspiegel konnte ich erkennen, dass der Kleinwagen Totalschaden erlitten hatte. Der Golffahrer hat den Unfall beobachtet, ist aufs Gas getreten und davongeflitzt. Wir beiden Frauen blieben mit einem Schock zurück. Ich tröstete die Unfallverursacherin und verzichtete auf ihren Wunsch hin auf das Herbeiholen der Polizei, die den Unfall aufnehmen sollte. Die weinende Frau gestand mir, Apothekerin im nahe gelegen Trippstadt zu sein, und dass sie Angst habe vor ihrem Mann, dem das Auto gehörte! Dieses Ereignis spielte sich am 07.01.2000 genauso ab! Es veränderte meine Sicht aufs Leben. Der Tod war auf einmal so nahe. Noch im Dezember 1999 habe ich zwei Gedichte geschrieben.

Ich für Dich und ***Seelenverwesen.***

Damals war ich noch leidenschaftlich in einen Mann namens Michael verliebt. Der im Jahr 1951 geborene Niedersachse war ein gefährlicher Mann. Er erzählte mir bei zwei Begegnungen, die wir im Oktober 1999 hatten, davon, dass er als Manager bei einem Schweizer Versicherungskonzern eine Spitzenposition innehatte. Als sein Flugzeug über Mexiko abstürzte und er als einer von ganz wenigen diese Katastrophe überlebt hat, wurde er aussortiert. Nicht nur beruflich und gesellschaftlich, sondern auch von seiner Familie. Seine Frau trennte sich von ihm. Nun war der erfolgsverwöhnte Manager arbeitslos. Was ihn nach Kaiserslautern verschlagen hat, erzählte er nicht. Seine Situation war aber prekär. Er muss bei einer Frau Unterschlupf gefunden haben. Zufrieden war er nicht. Sonst hätte er sich wohl schwerlich auf meine Bekanntschaft Anzeige hin gemeldet.

Meinem Vater hatte ich kurz von ihm erzählt. Erschrocken hat mich der ehemalige Kampfsturzflieger gewarnt! Ich solle ja die Finger von ihm lassen, der wäre ein paar Nummern zu groß für mich. Dieser Meinung bin ich nicht. Ich glaube vielmehr, dass sich der Soziologe mit Bilderbuchkarriere zwar für den Größten hält, in Wirklichkeit aber ein schwacher Mensch ist, der die einfachen Dinge des Lebens nicht verstehen kann. Zum Beispiel hat er keine Ahnung davon, wie schön das in meinen Ohren klingt, wenn jemand Babe zu mir sagt, oder wenn mir jemand extra ein frisches Handtuch holt, damit ich sein altes nicht benutzen muss, oder wie super ich mich in einem aus einem Hotel geklauten weißen Bademantel fühle. Er hat auch keine Ahnung davon, wie man an meiner verschlossenen Tür klopft, so dass ich freiwillig aufmache und nicht gezwungenermaßen. Aber das Allerschönste ist, dass sich der luxusverwöhnte Akademikersohn im Leben nicht vorzustellen vermag, wie es ist, wenn man zu seinem 50. Geburtstag eine Spargeltütensuppe isst mit frischem Toast und Schwarzwälder Schinken. Das war schon eine Nummer, Denny, und wenn Du nichts dagegen hast, würde ich das mit Rücksicht auf Deinen Gesundheitszustand ausgefallene Geburtstagsessen doch irgendwann einmal gerne nachholen. Warst Du eigentlich auch einmal so in eine Frau verliebt wie ich in diesen Michael? Hoffentlich. Dann weißt Du wenigstens, wovon ich hier die ganze Zeit rede.

Ein anderes beliebtes Liebesmissverständnis ist die Leidenschaft, die eigentlich nur Leiden schafft, aber keine Liebe. Zur Leidenschaft gehören immer zwei. Ein Sadist, meist männlich, der die andere gerne quält, und eine Masochistin, die sich gerne quälen lässt. Ich war 16 Jahre mit einem 17 Jahre älteren Psychologen verheiratet und der hat mir klipp und klar gesagt, dass ich eine Masochistin bin, der Sadist. Zur Strafe für solch einen Quatsch habe ich ihm das Gedicht **Fauler Zauber** nach unserer Trennung gewidmet, denn die Sprache der **Versöhnung** hat der 1936 in Mühlhausen/Thüringen Geborene nicht verstanden.

Fauler Zauber

Endlich allein!
Zu viele Jahre,
all diese Gerüche,
all das Getöse,
all diese unnötigen Worte.

Lügenschwätzende stinkende Mäuler!

Fauler Zauber!
Nie mehr wirst du mein Ohr lecken,
nie mehr meinen Atem verunreinigen,
nie mehr meinen Blick trüben,
nie mehr meine Wasser verseuchen.

Breitenau, Oktober 1996

Versöhnung

Komm, hören wir auf
mit Böse-Sein.

Die Nacht schlich
kalt und erschreckend
über die Betten.

Wir lagen wie lebend erstarrt
nebeneinander
und das Herz musste sich tränenerstickt
hinter Mauern des Schweigens
verstecken.

Meine Hand tastet
den schon warmen Felsen.
Und dann
nach einer Weile:

„Guten Morgen, wie geht es Dir?"

Dansenberg, Sommer 1994

Dem Sadisten habe ich es aber erst vor wenigen Monaten mal so richtig gezeigt, indem ich einfach zurückgeschlagen habe, so dass ihm die Brille von der Nase flog. Er hat sich halt geirrt in mir. Denn ich leide nicht gerne. Ganz im Gegenteil. Ich habe furchtbare Angst vor Schmerzen. Davon konntest Du Dich in der kurzen Zeit unserer Bekanntschaft überzeugen. Aber es gibt halt so schrecklich viele Sadisten und die machen aus jedem liebessehnsüchtigen Menschenwesen einfach einen Masochisten.

Mich hat man fast zu Tode gequält. Vor drei Tagen hatte ich einen ganz schrecklichen Traum. Meine Hündin Leica stand ganz abgemagert vor mir. Das einst wunderschöne weiße Fell war völlig ausgerupft. Sie war so schwach, dass sie fast nicht mehr stehen konnte. Dabei schaute sie mich mit ganz vorwurfsvollen fragenden Augen an, warum ich denn nichts gegen diese Schinder getan hätte. Der ganze Rücken von diesem in Wirklichkeit wunderschönen Hund war voller blutender Geschwüre, aus denen das Blut über meine Hände tropfte. Ich spürte förmlich den Schmerz in meinem eigenen Rücken und wachte voller Entsetzen wegen dieser Grausamkeit auf. Danach hatte ich den ganzen Tag Kopfschmerzen und ich fühlte mich hundeelend. Ich will Dir nicht das Herz schwer machen. Aber Du bist ein weitgereister Mann, der viel gesehen hat, auch die allerschlimmsten Grausamkeiten, die sich Menschen antun. Du weißt also, wovon ich hier rede. Hierin liegt dann auch die Ursache, warum ich zu Dir so rasend schnell Vertrauen gefasst habe. Dir ist nichts fremd. Du hältst mich nicht für bekloppt, wenn ich Dir so etwas erzähle, und deswegen hast Du auch weder falsches

Mitleid mit mir noch einen erwachenden Beschützerinstinkt. Beides kann ich nämlich überhaupt nicht gebrauchen. Wenn jemand schon anfängt, sich Sorgen um mich zu machen, ergreife ich umgehend die Flucht. Es ist mein Leben. So beschissen es sein mag, es ist meins und niemand hat sich da einzumischen. Schließlich habe ich Dir ja auch nicht die Küche geputzt, obwohl die es tatsächlich dringend nötig hatte. Das hast Du dann selbst gerafft und ich fand das richtig gut.

Ich will meine Probleme auch selbst in den Griff bekommen, sonst bin ich nicht zufrieden. Leider geht das nicht mit Wischlappen und Putzeimer, sondern ich brauche Geduld, Beharrlichkeit und einen klugen Verstand. Von all dem habe ich genug. Mir fehlte eigentlich nur eine Motivation, warum ich mir überhaupt noch Mühe geben soll, wenn sowieso alles vergebens ist. Mit Vergeblichkeit meine ich das Aufgeben der Suche nach echter Liebe. Und dann sagst Du mir, Du hättest Angst, aus Liebe zu sterben. Musst Du nicht. Gib mir ein bisschen von Deiner übergroßen Liebesfähigkeit ab und dann können wir beide gut damit leben. So einfach ist das, Dennis, mit der Liebe meine ich, gar nicht kompliziert.

Ach übrigens. Hast Du vor, mich zu Weihnachten zum Essen einzuladen? Es würde mich freuen. Denn ohne Deine Einladung gibt's bei mir wieder bloß Tütensuppe.

Ich küsse Dich, wohin Du willst.

Eva

Alkohol

Hi Dennis,

kennst Du den Unterschied zwischen Männern und Frauen? Nein, nicht was Du jetzt denkst, dass Frauen wie Gitarren sind und Männer wie ein Saxophon. Ich meine den richtigen Unterschied? Der besteht nämlich darin, dass Frauen über nichts lieber reden als über ihre Gefühle, und Männer nichts mehr hassen, als über ihre Gefühle zu reden, und weil das halt überhaupt nicht zusammenpasst, verstehen sich Männer und Frauen nicht. Glaub mir, so ist das und nicht anders oder komplizierter. Wie immer wenn es um wirkliche Wahrheiten geht, ist alles ganz einfach.

Weil die Menschen aber dennoch, obwohl sie sich nicht verstehen, zusammenkommen müssen, da die Gattung ansonsten aussterben würde, hat man etwas erfinden müssen, das die Männer zum Reden bringt, bevor sie sich an eine Frau ranmachen dürfen. Denn wir Menschenfrauen sind ja keine Tiere, die man einfach nach einem bisschen Showtanz bespringen könnte. Wir sind zivilisiert. Und weil der Mann ja von Gott deswegen geschaffen wurde, damit er immer was Neues erfindet, was aber vor allem dem Mann guttut, entdeckte der jagende Mann eines Tages, dass aus faulen Früchten wertvoller Saft fließt, der bei reichhaltigem Genuss die Sinne betört und die raue Wirklichkeit vergessen lässt, und das war dann die Geburtsstunde des Alkohols!

Der Mann hat dann diesen trüben Saft ständig verfeinert und in der deutschen Sprache nennt sich der Alkohol auch Weingeist. Alkohol hat also was mit Geist zu tun. Ich kann Dir auch berichten, dass es in Deutschland ein Sprichwort gibt, das allerdings von den alten Römern übernommen wurde, ich meine das von der Wahrheit, die im Alkohol liegt. Das ist natürlich Quatsch, denn im Alkohol liegt keine Wahrheit, sondern Alkohol ist nur das Ergebnis verfaulter und anschließend filtrierter Früchte. Die jedoch verhelfen insbesondere dem sonst so verlogenen oder schweigsamen Mann beim Genuss zum Sprechen der Wahrheit. Ich habe in meinem Leben eine ganze Menge Männer kennengelernt, von meinem Vater angefangen über drei Ehemänner hin zu einer außerehelichen Beziehung, nicht zu vergessen mein einziger Sohn, bis ich dann Dich kennengelernt habe. Im Gegensatz zu allen anderen hast Du das erste an mich gerichtete Wort bereits unter erheblichem Alkoholeinfluss zu mir gesprochen, das heißt, Du hast mir von Anfang an die Wahrheit gesagt. Bei den anderen war das umgekehrt. Zuerst wurde ich nüchtern angelogen, um dann besoffen reinen Wein eingeschenkt zu bekommen.

Das Merkwürdige daran ist, dass, wenn man zuerst belogen wird und dann die Wahrheit gesprochen wird, kein Vertrauen mehr entstehen kann und Vertrauen ist die Basis jeder erwachsenen Liebe. Kindliche Liebe braucht noch kein Vertrauen. Sie ist einfach aus Überlebensgründen sowieso vorhanden.

Du, lieber Dennis, hast mir gesagt, dass Du Angst hast, vor Liebe zu mir zu sterben. Dabei warst Du wirklich ganz schön besoffen. Ein 62-jähriger Haudegen, der die ganze Welt gesehen hat und alle Kriege seit 1945 aus unmittelbarer Betroffenheit erlebt hat, ist in die Knie gegangen vor einer Frau, die zu diesem Zeitpunkt von allen verlacht und verspottet wurde, selbst von den eigenen Kindern.

Ich hatte alles verloren, was einem Menschen der westlich zivilisierten Welt so unentbehrlich erscheint. Etwas in mir war aber immer noch vorhanden und das nennt man das Feuer der Liebe. Du hast dies mit Deinen vor Betrunkenheit klaren Augen erkannt. Diesem Feuer warst Du aber nicht gewachsen. Angst vor Liebe könnte man das nennen und wahrscheinlich ist das auch der Grund, warum die Männer so viel Alkohol trinken müssen, bis sie einmal diese Angst überwinden können. Ich will aber keinen Alkohol trinken müssen, um Dir die Wahrheit zu sagen. Ich will mich auch nicht in Depressionen flüchten müssen, weil ich die Trennung von Dir nicht ertragen kann. Ich will die Zeit des Abwägens, ob wir wirklich die richtigen Partner füreinander sind, nutzen, um Dir von meinem schrecklich einsamen Leben inmitten von vielen fröhlichen, meist alkoholisierten Menschen zu berichten. Am Ende wird ein Buch entstanden sein, das ich Dir dann widmen werde, damit Du immer etwas hast als Beweis für eine einzig große Liebe in Deinem Leben und vielleicht brauchst Du dann auch keinen Alkohol mehr, um mir die Wahrheit zu sagen.

Fangen wir mit dem ersten Mann eines jeden Mädchens an und das ist der Vater. Mein Vater war Alkoholiker. Seit meinem dritten Lebensjahr habe ich die Folgen dieser Krankheit zu spüren bekommen. Die Auswirkungen seines Alkoholismus auf meine Mutter hatte ich mitbekommen. Er begehrte sie ständig und zu allen Tages- und Nachtzeiten, was für meine Mutter ein arges Übel war. Nach zwei unfreiwilligen Schwangerschaften und einer höchst dramatischen Geburt, die meine Mutter fast das Leben gekostet hätte, hielt sich ihr Interesse an ehelichen Pflichten eher in Grenzen. Erneut schwanger werden wollte sie auch nicht, zumal die häuslichen Verhältnisse mit einer Einraumwohnung ohne Bad und Toilette als äußerst beengt beschrieben werden konnten. Hinzu kommt, dass das Thema Verhütung überhaupt nicht erst zur Sprache kam. Verhütet hat mein Vater, wie alle Männer seines Jahrganges, natürlich nicht. Ein deutscher Mann tut so etwas nicht. Es geht ihm gegen die männliche Ehre. Kondome wurden als Pariser bezeichnet. Diese Art von Verhütung war ausschließlich gefragt, wenn es darum ging, zu einer Nutte zu gehen, um sich vor Geschlechtskrankheiten zu schützen. Erst im Zeitalter von Aids dürfen sogar unsere minderjährigen Kinder auf dem Schulhof unter Aufsicht einer Lehrkraft einem Holzpenis so einen Gummi überziehen, damit sie wissen, wie es geht, wenn die Leidenschaft einen übermannt und man es aus Versehen mit einem infizierten Gegenüber zu tun bekommt. Das hat dann aber was mit deutscher Ordentlichkeit zu tun und die ist erlaubt. Rücksichtnahme auf eine ganz normale Frau ist aber bei uns Deutschen verpönt. Wer das als guter deutscher Mann tut, ist in den Augen der anderen ein Schlappschwanz oder Softie und das will ja nun wirklich kein Mann der Welt sein.

Mein Vater hatte also ausschließlich seine eigenen Interessen im Kopf, wenn er unter Alkoholeinfluss meine Mutter ungeschützt bedrängte. Ich hatte als Kind von meinem Vater nichts zu befürchten. Er war kein Kinderschänder, sondern ein wirklich liebevoller, fürsorglicher Vater, der sich um mich kümmerte, besser als es meine Mutter je getan hat. Was anderes war es, als ich anfing, meine eigenen Gedanken zu entwickeln. Da wurde mein Vater zum ersten Mal richtig sauer auf mich und wenn er nun einen zu viel getrunken hatte und ich ihm in einer Diskussion Widerworte gab, dann kam es schon einmal zu Handgreiflichkeiten, die wegen der Kraft meines Vaters nicht ohne waren. Im Großen und Ganzen interessierte er sich aber sehr wenig für seine beiden kleinen Töchter. Er tröstete sich mit zahlreichen außerehelichen Liebschaften über die Verweigerungshaltung meiner Mutter hinweg und ließ uns in Ruhe. Mit seinen ständigen sexuellen Begierden wurde ich nur einmal konfrontiert. Da war ich aber schon 25 Jahre alt und mein Vater so sehr besoffen, dass er mich von hinten für seine Lieblingsgespielin hielt. Als ich mich jedoch umdrehte und er mein entsetztes Gesicht sah, versank er vor Scham fast in den Boden. Er entschuldigte sich tausendmal und erklärte mir, dass er dachte, ich sei meine eigene Freundin, die hieß Babs, war rothaarig und ein wirklich scharfes Luder. Sie hat sogar mich einmal verführt, so dass ich mitreden kann beim Thema gleichgeschlechtliche Liebe.

Wie Du weißt, besuche ich meinen Vater regelmäßig noch heute im Pflegeheim, und das, obwohl ich weiß, dass mein eigener Vater mich als erwachsene Frau begehrt. Das ist die Wahrheit, die aus den Geschehnissen im Jahr 1976, ich war schon das zweite Mal verheiratet und hatte auch eine zweijährige Tochter, zu ziehen ist. Dennoch. Er kann mir nichts mehr tun. Selbst wenn wir an Heiligabend eine Flasche Wein zusammen trinken. Ihn wird sie quälen, seine Wahrheit, nicht mich! Denn ich begehre meinen Vater nicht. Ich liebe ihn auch nicht wie eine erwachsene Frau, sondern ich bin sein Kind und meine Liebe zu ihm ist kindlich sauber und rein. So wird das bleiben über seinen Tod hinaus.

Der zweite Mann in meinem Leben, dessen Wahrheit ich nach einer drei Jahre währenden Lüge ertragen musste, war der erste Mann, mit dem ich geschlafen hatte. Er wurde am 22. März 1973 mein Ehemann. Wir hatten nicht aus Liebe geheiratet, sondern eher aus Freundschaft. Als wir uns kennengelernt hatten, im Fasching 1971 in der Fruchthalle zu Kaiserslautern, war er, der damals fast 33-Jährige, schon ziemlich angetrunken. Ich forderte ihn zum Tanz auf, nicht weil ich ihn so toll fand, sondern weil man mir wegen meiner beharrlichen Verweigerung, mich mit einem Mann einzulassen, nachsagte, ich sei wohl lesbisch, was ich als ausgesprochen widerlich und ehranrüchig betrachtete. Um diesem Ruf zu entkommen, wollte ich mit irgendeinem halbwegs erwachsenen Mann wenigstens mal getanzt haben, damit alle sahen, dass ich eine anständige junge Krankenschwester war. Der Hans, eigentlich heißt er sogar Hans Adolf, soviel Reminiszenz musste sein, damals, am 10. Mai 1940, wenn man als Vater eines Erstgeborenen im Hitlerdeutschland gesellschaftlich anerkannt sein wollte, nutzte aber seine Chance und ließ mich nicht mehr gehen. Ich war noch sehr jung, gerade mal 19 Jahre alt und hatte keine Ahnung von Männern, die bereits am ersten Abend unter Alkoholeinfluss einem jungen Mädchen als höchstes Lob die Sparsamkeit und Bescheidenheit angedeihen lassen. Nein, verführt hat er mich nicht. Das hätte für ihn die sofortige Heirat bedeutet, denn meine Mutter hatte ein Auge darauf, dass ihre Töchter nicht einfach von jedem Dahergelaufenen entjungfert werden. Sie selbst hatte diesbezüglich schlechte Erfahrungen gemacht und wurde als ledige Mutter einer mittlerweile 55-jährigen Tochter von der deutschen Nachkriegsgesellschaft gemieden wie die Pest.

Wenn nicht mein Vater als Kriegsverlierer und Heimkehrer nach bereits zwei in Österreich geschlossenen Ehen mit jeweils einer Tochter und einem Sohn – die Tochter ist vor drei Jahren in New York gestorben, der Sohn lebt in Schladming im Winterparadies Österreichs – sie mit mir geschwängert hätte, wäre meine sehr schöne und recht kluge Mutter wahrscheinlich die Erbin ihres Vaters gewesen. Mein Großvater hatte ein gut gehendes Kürschnerei- und Hutmacher-Geschäft mitten in Kaiserslautern, das jedoch den Interessen Deines

Arbeitgebers 1953 Platz machen musste. Das ehemalige NSDAP-Mitglied, dessen Söhne bei der SS und der SA untergekommen sind, konnte sich dann auch nur noch mit seiner fleißigen und frommen Frau in eine von der Stadt Kaiserslautern bereitgestellten Wohnung retten. Die Überreste seiner Arbeit als Hut- und Pelze-Macher teilten sich dann die Geschwister meiner Mutter. Sie jedoch, als diejenige, die während der gesamten Kriegszeit den Laden am Laufen gehalten hatte, ging leer aus, weil sie das Gesetz der Doppelmoral brauner Christen mit der Liebe zu meinem parteilosen und zudem noch katholischen Vater brach. So wurde auch sie zur Heirat gezwungen wie ihre Mutter und Großmutter vor ihr auch schon.

Es war also nur natürlich, wenn meine Mutter ihren Töchtern nicht das gleiche Schicksal auferlegen wollte, wie sie es selbst erlitten hatte. Ich möchte an dieser Stelle daran erinnern: Wir schrieben das Jahr 1971. Der Vietnamkrieg war auf dem Gipfel seiner unrühmlichen Karriere. Die Hippies Amerikas zeigten uns deutschen Nachkriegskindern, was es heißt, frei zu sein. Aber in Deutschland ist es nicht gerne gesehen, wenn vor allen Dingen Frauen ihre Rechte auf ein freies, gleichberechtigtes Leben einklagen. Aus diesem engen Klima heraus war es dann auch möglich, dass sich die RAF gebildet hat, und obwohl die Bewegung von einer Frau ausging, nämlich Ulrike Meinhof, wurde sehr schnell ein Mann Bandenchef. Ein Herr Baader genoss es, von zwei Frauen gleichzeitig begehrt zu werden, und verursachte mit seiner Roten Armee Fraktion den größten deutschen Nachkriegsskandal, den es geschichtlich festzuhalten gilt.

Doch zurück zu meinem ersten Mann und Vater meiner Tochter Sybille.

Im Juni 1971 haben wir uns verlobt. Dann bin ich aber ausgezogen, denn die Männerwirtschaft in der Kommune Ludwigstraße 10 hat mir überhaupt nicht gepasst. Mein Verlobter gewährte zwei Jurastudenten Unterkunft. Diese beiden Typen waren nicht nur hässlich wie die Nacht, sondern auch dreist und unverschämt. Ständig haben diese Studenten über mich gelästert, wenn ich nach meinem ohnehin schweren Berufsalltag in meiner wenigen Freizeit dem Hausherrn die Wohnung gesäubert habe. Ich bin damals nicht auf den Gedanken gekommen, mich zu wehren. Schließlich war ich es von Kindesbeinen gewohnt, zu putzen und den Haushalt zu führen. Selbst nach dem Ende meiner Ausbildung im April 1972 hat man von mir noch verlangt, dass ich die Besuchertoilette auf der Wachstation putze, was ich allerdings dann doch abgelehnt habe. In einer Art Befreiungsschlag habe ich das Mutterhaus des Deutschen Roten Kreuzes verlassen und mich dem Deutschen Berufsverband für Krankenpflege angeschlossen. Das war ein Schlag ins Gesicht der DRK-Schwestern! Ich wurde nur noch schikaniert. Aus Kreisen der Ärzte erfuhr ich, dass es in der Universitätsklinik im nahe gelegenen Homburg an der Saar die Möglichkeit gibt, eine Fortbildung zur Fachpflegekraft für Anästhesie und Intensivpflege zu machen. Diese Chance wollte ich mir nicht entgehen lassen und nahm kurzerhand mein Schicksal in die Hand, um dort bei Prof. Hutschenreuther vorstellig zu werden. Nach einem persönlichen Vorstellungsgespräch, an das ich mich auch heute noch sehr gut erinnere, wurde ich in den Kreis der Fortbildungswilligen aufgenommen. Ein Umzug war nun angesagt und Kaiserslautern mit einem Verlobten, der mich vor seinen geifernden Mitbewohnern nicht ansatzweise in Schutz genommen hat, war erst einmal passé.

In Homburg an der Saar wollte ich Karriere machen und die Finger weglassen von den Mannskerlen, die sowieso immer nur soffen und rauchten, um dann nach Alkohol und Zigaretten stinkend mit einem ins Bett zu gehen. Das gefiel mir nicht. In Homburg an der Uniklinik gab es aber leider auch eine ganze Menge geiler, saufender und rauchender Männer. Einer davon hat mich in der Nacht vor meinem 21. Geburtstag vergewaltigt. Die Mitbewohner im Wohnhochhaus hatten das mitbekommen. Aber keiner hat irgendetwas getan. Meinen Eltern berichtete ich von dem Vorfall, dass mich ein verheirateter Vater von drei Kindern aus Hamburg in der Nacht vor meinem 21. Geburtstag im eigenen Apartment sexuell genötigt hat. Mein Vater zuckte nur mit den Achseln und meine Mutter meinte: „Wärst Du bei dem Hans geblieben, wäre das nicht passiert." Diese elterliche Standpauke habe ich beherzigt und bat den verlassenen Verlobten um Hilfe. Hans wollte mich jetzt aber unbedingt heiraten, damit ich nicht noch einmal davonlaufe. Kinder wollte er auch haben, obwohl ich ihm sagte, dass mir die Ärzte in Homburg nach einer Untersuchung prophezeit hätten, dass ich nie eigene Kinder bekommen werde. „Macht nix", hat er gesagt, „dann adoptieren wir halt welche." Na ja, mir blieb ja nichts anderes übrig, als Ja zu sagen, sonst würde ich den aus Hamburg stammenden Zeitsoldaten nie loskriegen, und so heirateten wir, zogen um nach Frankfurt und als ich im Oktober 1973 nach einem Arzttermin nach Hause kam und berichtete, dass ich schwanger sei, hat sich der angehende Vater gefreut wie verrückt. Ich war nicht so begeistert, denn ich wollte ja Karriere machen und keine Familie gründen. Eine Abtreibung, so wie mir der Arzt das gleich vorgeschlagen hat, kam aber auch nicht in Frage. Ich bat mir Bedenkzeit aus, wenigstens eine Nacht darüber schlafen sollte man vor so einer schweren und damals noch unerlaubten und strafbaren Handlung. Ich ging zu Bett, während mein Ehemann nebenan im Wohnzimmer Anton Bruckners 4. Sinfonie in sich hineinsog und dabei etliche Flaschen Bier leerte.

Am nächsten Morgen stand der noch ziemlich mit Restalkohol bediente Ingenieur vor mir und verlangte völlig unverhofft und wie aus heiterem Himmel, dass ich das Kind abtreiben lassen solle, oder er würde mich verlassen. Ich habe bis zum heutigen Tag nicht verstanden, was in den Stunden dieser Nacht bei diesem Mann im Kopf wohl vor sich gegangen sein musste. Ich kann es mir eigentlich nur so erklären, dass für ihn die Vorstellung, dass die Mutter seines Kindes weiterarbeiten wollte, so außer jeglicher Reichweite war, dass er mir diesen Tötungsakt geradezu befahl. Klar wollte ich weiterarbeiten. Wir hatten gerade Willy Brandt an der Regierung und die amerikanische Lebensweise schwappte ja auch zu uns nach Deutschland herüber. Jetzt sag mal ehrlich, welche amerikanische Frau hätte 1974 zu arbeiten aufgehört, nur weil sie ein Kind erwartet? Ich behielt das Kind, er verließ mich und die Scheidung 1976 musste ich bezahlen, weil er mich dazu gezwungen hatte, die ganze Schuld des Scheiterns der Ehe alleine auf mich zu nehmen, sonst würde er mich nicht freigeben.

Auch darauf hatte ich mich eingelassen. Schließlich hat der Rechtsanwalt meines Ehegatten verlangt, dass ich vor dem Richtertrio des Landgerichts Kaiserslautern gefälligst zu schweigen hätte und keinesfalls die Wahrheit über einen trinkenden und gewalttätigen Ehemann und Vater einer Tochter sagen dürfe. Ich war eingeschüchtert und ließ mich darauf ein. Hauptsache, ich konnte mich und meine Tochter in Sicherheit bringen.

Allerdings musste der ehemalige stellvertretende Amtsleiter des staatlichen Hochbauamtes Kaiserslautern nach deutscher Rechtsprechung Unterhalt für das eheliche Kind bezahlen. Das Dumme war nur, dass Hans seinen einträglichen Erwerbsberuf hingeschmissen hatte in der festen Erwartung, dass ich ihm ein Zweitstudium an der Universität Kaiserslautern mit meinem sicheren Krankenschwesterngehalt finanzierte. Die Richter entschieden, dass die Kosten der Scheidung ich zu tragen hätte, und mir wegen meiner Weigerung, meinen ehelichen Pflichten nachzukommen, auch kein Unterhalt zustand. Für die erst 2 Jahre alte Tochter sollte der Architekturstudent lediglich den Mindestbetrag für Studenten in Höhe von 135,00 DM monatlich zahlen.

Und nun, lieber Dennis, kommen wir zur Wahrheit dieses reichen und verwöhnten Arztsohnes, dessen Großvater der Oberlandesgerichtspräsident in Zweibrücken war und dessen Vermögen auf mindestens 1 Million DM geschätzt war. Nicht eine müde Mark hat der Geizkragen freiwillig gezahlt. Ich musste ihn ein paar Mal verklagen und dann hat er doch allen Ernstes noch behauptet, das Kind sei nicht von ihm. Nicht dass Du nun auf den Gedanken kämst, die Tochter hätte aus Solidarität zu ihrer Mutter später im Erwachsenenalter zu ihr gehalten. Im Gegenteil! Als es mir dann finanziell schlecht ging, hat sie mir gemeinsam mit ihrer Pirmasenser Clique das Haus hier auf der Breitenau ausgeräumt. Als ich sie daraufhin am 08.12.2001 zur Rede stellen wollte, ließ meine mittlerweile 27-jährige Tochter mich auf der Straße stehen und verwehrte mir den Einlass in ihre Wohnung, wo sie mit einem Arbeiter, der ihr Vater sein könnte und der noch verheiratet ist, und ihrem Sohn in einer Schlichtwohnung lebt. Sie hasst mich, wahrscheinlich deswegen, weil ich nicht gemacht habe, was ihr Vater von mir verlangt hat. Meinen Hund und meinen Kater hat sie auch einfach behalten, so dass ich jetzt ganz alleine bin.

Nach der Geburt meiner ältesten Tochter im Mai 1974 nahm ich im darauffolgenden Herbst meine Arbeit wieder im Krankenhaus Kaiserslautern auf. Dort arbeitete ich in der Anästhesieabteilung, die ich mit aufbauen half. Es gab unter den zahlreichen Ärzten einen Mann, der anders war als die anderen. Er war der Sohn eines ehemaligen Vorstandsmitgliedes der BASF in Ludwigshafen.

Die großväterliche Linie bestand ausschließlich aus Verlegern und Buchautoren. Er selbst war ein sehr kluger und weitgereister Mann, der aber ein großes Laster hatte, und zwar hing er neben dem Alkohol und den Zigaretten auch noch an der Nadel. Hans-Jürgen war unter Kollegen als sehr schwierig und scheu bekannt. Niemandem gelang es, an den 1945 Geborenen heranzukommen. Ich war sehr häufig seine Assistentin, denn als Einzige von allen akzeptierte er mich und ich durfte auch immer eingreifen, wenn er gerade mal wieder absackte in einen seiner tiefen Rauschzustände. Meine Art, ihn zu betreuen, war unauffällig und ich bekam als Dank dafür von ihm während der oft sehr langweilig verlaufenden Langzeitnarkosen ellenlange und sehr spannende Reiseberichte erstattet. Es gab etliche Frauen, die deswegen sehr eifersüchtig waren, was ich überhaupt nicht verstehen konnte. Denn Hans-Jürgen war alles andere als sexy. Ich kümmerte mich immer häufiger um ihn, denn er musste öfter zum Entzug in eine psychiatrische Einrichtung gebracht werden, und seine Mutter, die in Heidelberg lebt, hatte den Sohn seit der Beerdigung des Vaters verstoßen. Der Vater von H. J. ist sehr früh an den Folgen seines ausgeprägten Alkoholismus gestorben. Sein Sohn hat das nicht verkraftet. Er hing abgöttisch an seinem Vater und als er mit erst 27 Jahren einer typisch deutschen Beerdigung mit allem Tamtam an vorderster Front beiwohnen sollte, kiffte er sich derart zu, dass er fast in das offene Grab seines Vaters gefallen wäre. Als ihn die Umstehenden festhielten, fing er an, die ganze würdige Trauergesellschaft aufs Ärgste zu beschimpfen und sogar bespuckt soll er sie haben die Herren Diplom-Chemiker und Professoren. So wurde mir das von seiner Mutter erzählt später, als ihr Sohn sie um Erlaubnis bat, mich zu heiraten. Für die mit grauenhaftem Dünkel ausgestattete Frau war das dann auch der Grund, warum sie ihr Einverständnis gab, dass ihr einziger Sohn eine Krankenschwester heiratet. Denn eine andere Frau aus ihren gesellschaftlichen Kreisen käme für dieses verkommene Element eh nicht mehr in Frage. Krankenschwester war auch deshalb gut, weil ich dann wenigstens für ihn sorgen könnte und sie als Mutter dann keinen Ärger mehr mit ihm hätte. Doch bevor es so weit war, musste ich erst einmal den Ehemann Nummer eins endgültig verlassen haben und das gelang mir ja erst zwei Jahre, nachdem ich H. J. in der Klinik kennengelernt hatte. Hans Jürgen bekam am Rande mit, dass ich Schwierigkeiten hatte, eine Wohnung für mich und die zweijährige Tochter zu bekommen. Er bot mir an, eine Wohnung für uns gemeinsam zu suchen, was ihm als Arzt keinerlei Schwierigkeiten bereitete. Er selbst brauchte aber keine Wohnung in Kaiserslautern, weil er in seiner Freizeit sowieso in Heidelberg bei seinen Freunden war. Mir war das Recht, denn ich verstand mich gut mit ihm. Wir pflegten auf rein platonische Weise eine richtig gute Freundschaft miteinander. An eine Beziehung oder sogar Heirat hat keiner von uns beiden auch nur im Entferntesten gedacht.

Wie von ihm vermutet, fand er auch sofort eine Wohnung am westlichen Ende meiner Heimatstadt, dort, wo es über die amerikanischen Kasernen nach Landstuhl

Ramstein geht. Entlang dieser Straße entwickelte sich unmittelbar nach der Ansiedlung der US-Armee im Jahr 1951 der sogenannte Straßenstrich. Die Nutten parkten dort an der Kaiserstraße mit ihren Wohnmobilen. Die Meile entwickelte sich zum Entsetzen der gebürtigen Pfälzer zu einem einzigen Freilichtpuff! Nach 450 km gelangt man auch tatsächlich nach Paris, die Stadt der Liebe. Keine Wohngegend für eine anständige junge Krankenschwester.

Meine Eltern waren dennoch beide begeistert von meiner angeblich neuen Flamme, denn meine Mutter träumte schon immer von einem Arzt als Schwiegersohn und mein Vater hat mich extra Krankenschwester werden lassen, damit ich mir einen Arzt schnappen sollte, der mich dann versorgt. Die Schwester meines Vaters heiratete einen Dorfarzt und bekam mit ihm 3 Kinder. Im Alter von nur 33 Jahren starb meine Tante an einem Hirntumor. Meine Großeltern haben diesen Verlust nicht verkraftet und sind kurz danach ebenfalls verstorben. Ich glaube, der Verlust seiner Familie hat meinen Vater zur Flasche getrieben. Niemals hat der heute 81-Jährige darüber gesprochen. Es muss ihn aber beschäftigt haben, zumal eine 1943 in Österreich geborene Tochter erst 50-jährig ebenfalls an Krebs gestorben ist.

Die Tatsache, dass der Facharzt für Anästhesie und Notfallmedizin als gescheiterte Existenz wegen seines Drogen- und Alkoholmissbrauchs durchs deutsche Sozialversicherungsnetz gefallen ist, war weder für den Arbeitgeber, die Stadtverwaltung Kaiserslautern, Träger des Städtischen Krankenhauses, noch für die versnobte

Ärztegesellschaft ein Problem. Ich sah dieser Tatsache allerdings unerschrocken ins Gesicht. Keinesfalls aber wollte ich von einem Alkoholiker und Fixer geschwängert werden, ganz zu schweigen, dass ich meine erst 2 Jahre alte Tochter vor diesem Soziopathen, für den er sich selbst hielt, in Schutz nehmen musste! Dass er für ein Kind eine Gefahr darstellen konnte, wollte niemand zur Kenntnis nehmen. Ich nahm mir vor, mich auf eigene Füße zu stellen, sobald sich die Lage um meine Scheidung vom Vater meiner Tochter beruhigt hätte.

Diese Pläne passten aber meiner Mutter überhaupt nicht. Sie wollte unbedingt, dass ich den bereits schwer gezeichneten Mann heiraten solle. Schließlich gab es was zu erben und ich sollte mich nur nicht so anstellen. Schließlich wäre ihr Mann auch Alkoholiker und arm dazu. Ich blieb aber stur. Eine solch scheinheilige Sache war nichts für mich. Aber da hatte ich die Rechnung ohne Vater Staat gemacht. Das Jugendamt Kaiserslautern stattete mir unangekündigt einen Besuch in der von H. J. gemieteten Wohnung ab, fragte nach dem Mieter und stellte fest, dass ich wohl beim Herrn Doktor Unterschlupf gefunden habe. Man drohte mir mit Kindesentzug! Ein Adoptionsantrag meiner Schwester, die mit einem Rechtsanwalt verheiratet wurde, lag bereits vor. Wenn ich das verhindern wolle, solle ich durch Eheschließung mit dem im Krankenhaus als Anästhesist beschäftigten Mieter geordnete Verhältnisse schaffen.

Ich war hellauf entsetzt und erbat mir eine Bedenkzeit von wenigstens acht Tagen. In dieser Zeit hoffte ich, Hans-Jürgen davon überzeugen zu können, dass er ausziehen solle. Denn heiraten wollte er nicht und ein Kind wollte er sowieso nicht haben. Er hasste Kinder und meine Tochter duldete er nur, weil ich sie ihm vom Leib hielt. Als er jedoch hörte, welch grauenhafte Alternative man mir bot, beschloss er kurzfristig, mich zu heiraten. Allerdings stellte er eine Bedingung. Die Ehe sollte nur auf dem Papier geschlossen, nicht jedoch vollzogen werden. Mir fiel ein Stein vom Herzen und ich ließ mich darauf ein. Am 24. September 1976 schlossen wir vor dem Standesamt den Bund der Ehe. Eine solche Ehe auf dem Papier war mir zwar von meinem Gefühl her nicht geheuer, aber der Druck, ansonsten mein Kind zu verlieren, ließ mich etwas anderes tun, als ich eigentlich wollte. Es war schon irgendwie damals verrückt. Innerhalb von nur drei Jahren heiratete ich bereits zum zweiten Mal, nur weil die Menschen, die sich meine Eltern nannten, grandios versagt hatten. Sei's drum! Es war eine richtige Hippiehochzeit. Sogar die Mutter von Hans-Jürgen fand alles ganz nett. Sie stellte sich als meine Trauzeugin zur Verfügung, denn irgendwie mochte sie mich und dem nur 5 Jahre älteren Hans-Jürgen stand meine jüngere Schwester Bärbel als Trauzeugin zur Seite. Nachdem ihre Pläne, mir meine bildhübsche Tochter weg zu adoptieren, gescheitert waren, adoptierten die beiden jungen Leute den Neffen vom Herrn Rechtsanwalt Klaus M., der ebenfalls wegen Alkoholismus seinen väterlichen Pflichten nicht in vollem Umfang nachkommen konnte. Es waren auch eine Menge Ärzte aus dem Krankenhaus da. Nur die Freunde von Hans-Jürgen und meine Eltern fehlten. Meine Mutter lag im Krankenhaus und bekam die Gebärmutter entfernt und mein Vater rief mich von unterwegs auf einer Sauftour an und bat mich um Geld, das er in die Kasse zurücklegen müsse, weil er sonst gefeuert und wegen Diebstahls wahrscheinlich verknackt werde. Ich schlich mich schnell von der Hochzeitsgesellschaft, die standesgemäß im besten Restaurant meiner Heimatstadt stattfand, und brachte meinem Vater das Geld, weil ich Angst hatte, er müsse ins Gefängnis. Denn er war schon öfter aufgefallen, weil er Geld geklaut hatte, und ich hatte solche Angst um ihn.

Nach dieser Scheinhochzeit blieb alles zunächst beim Alten. Hans-Jürgen fuhr weiter nach Heidelberg oder Saarbrücken. Wenn er Lust hatte, setzte er sich einfach ins Flugzeug und flog Richtung Indien oder Nepal, wo es halt billigen Shit gab. Mir war das egal. Ich hatte hier meine Arbeit, mein Kind, meine Freundin Babs, mit der ich ab und zu in die Disco ging. Einen Freund hatte ich nicht. Das änderte sich im Sommer 1977. Da ging ich auf Drängen von Babs mit zum Sommerfest der gerade fünf Jahre alten Uni in Kaiserslautern. Eigentlich hatte ich nicht die geringste Lust, aber Babs, die mit einem Bankdirektor von der Dresdner Bank verheiratet war, keine Kinder hatte und auch nicht arbeitete, langweilte sich. Sie hatte nur mich als allerbeste Freundin, die jeden Scheiß mitgemacht hat. Weil ich aber auf keinen Fall von einem Typen angemacht werden wollte, flocht ich aus meinen vollen, blonden, langen Haaren zwei Zöpfe, setzte eine furchtbar hässliche Brille auf meine furchtbar große Nase, zog noch ein biederes weißes Blüschen an und begleitete die gleichaltrige, weitaus attraktivere

Freundin zum Unisommerfest, wo fast ausschließlich junge Männer nach jungen Frauen Ausschau hielten. Die Uni in Kaiserslautern war voller alleinstehender und mit bestem Saft ausgestatteten Jünglingen, die ja alle mal etwas werden wollten in unserer globalen Welt, die im digitalen Zeitalter sehr eng zusammengerückt ist.

Zwischendurch: Ich liebe Dich so, Dennis, und ich vermisse Dich gerade jetzt, wo Phil Collins „follow me" aus dem Radio erklingt. I want to stay with you, for the rest of my life. Jetzt habe ich mir zur Abwechslung eine CD mit klassischer Musik aufgelegt. Beethoven. Mein absoluter Favorit von allen Klassikern dieser Welt. Wir, Du und ich, hören jetzt gerade den zweiten Satz der Sonate Nr. 8 in c-Moll Opus 13, auch Pathétique genannt. Ein sanftes, singendes und trauriges Stück. Ich nenne das jetzt mal „der leise Gesang". „Leise flehen meine Lieder durch die dunkle Nacht." Dieser Liedgesang stammt aber aus der Feder des Franz Schubert, auch ein deutscher Musiker. Ach Darling. Es ist mir so warm ums Herz, wenn ich an Dich denke, und das ist immer auch nachts, wenn ich schlafe.

Als wir an der Uni angekommen waren, tanzten die Ersten schon wie wild durch den damals noch sehr unfertigen Campus der neuen Universität, allen voran ein großer, sehr schlanker, gut aussehender junger Mann mit wilder Mähne und feurigem Blick. Ich saß mit miesmuffiger Laune am Rande wie damals in der Tanzschule. Da wollte ich auch mit niemandem etwas zu tun haben. Plötzlich scherte der Leithammel aus, steuerte direkt auf mich zu und zerrte mich gegen meinen Willen auf die Tanzfläche. Ob ich wollte oder nicht. Ich musste nun diese ganze Horde ausgelassener junger Leute anführen. Herbert, so hieß der große Blonde, befahl: „Du bist meine Frau und das nicht nur für heute Abend." Mir blieb fast die Spucke weg, denn er gefiel mir. Ich fand es zwar sehr dreist von ihm, mich einfach so zu überrumpeln. Aber was soll's, dachte ich. Ich muss wohl überrumpelt werden, sonst bleib ich alleine. Wir tanzten die ganze Nacht hindurch. Irgendwann sagte er zu mir, ich solle mit ihm nach Hause fahren in einen Vorort von Kaiserslautern. Da hatte er als Architekturstudent, der aus Göppingen bei Stuttgart stammt, ein Zimmer gemietet. Zum ersten Mal in meinem Leben war ich leichtsinnig. Ich bin mit ihm gegangen und als er sich einfach splitternackt auszog, um mit mir zu schlafen, bin ich fast in Ohnmacht gefallen und habe mich umgehend auf den Nachhauseweg gemacht. Herbert hat nur gelacht und gesagt: „Dann halt beim nächsten Mal."

Und so war es. Es gab ein nächstes Mal. Nicht nur eines, sondern viele nächste Male. Wir waren total ineinander verliebt. Er, der Sohn aus einem Fabrikantenhaushalt, hatte es satt, die ganze Kapitalistenscheiße, wie er sich ausdrückte, weiterzumachen. Er liebte es, mir zuzuhören, wenn ich von Politik und Poesie schwärmte. Herbert wusste auch, dass ich ein Kind hatte und geschieden war. Was er nicht wusste, dass ich zu dieser zweiten Heirat gezwungen worden war, und als er mich einmal anrief und Hans Jürgen ans Telefon ging, passierte etwas Schreckliches in meinem Leben. Hans Jürgen schlug mich fast tot, als er hörte, dass ich einen

Freund hatte, und Herbert schickte mich, ohne irgendeine Erklärung abzugeben, einfach nach Hause und ich durfte nicht mehr wiederkommen.

Hinzu kam, dass ich nun auch noch von meinem Chef Dr. Volker Kapfhammer aufgefordert wurde, meine gut bezahlte Arbeitsstelle zugunsten einer Kollegin aufzugeben. Schließlich sei ich jetzt mit seinem Oberarzt verheiratet und es schickte sich nicht als Ehegattin eines Arztes, arbeiten zu gehen. Ich lehnte empört ab. Daraufhin hat er mich um zwei Gehaltsstufen herabgestuft und die Kollegin, die keine Fachausbildung hatte, mir als Vorgesetzte vor die Nase gesetzt. Diese Art von Demütigung habe ich mir nicht gefallen lassen und dem Herrn Chefarzt aus Düsseldorf die Kündigung präsentiert!

Abserviert von allen hatte ich nun im Alter von nur 25 Jahren angefangen, zu rauchen und selbst Alkohol zu trinken. Gleichzeitig hatte ich die Aufnahme von fester Nahrung verweigert, und zwar derart exzessiv, bis ich im Krankenhaus künstlich ernährt werden musste. Ich habe niemandem gesagt, was mit mir los war. Hans-Jürgen fing an, sich richtige Sorgen zu machen. Meine Mutter hatte Angst, ich würde sterben. Dann ist Hans Jürgen mit mir in die Türkei gefahren und dort habe ich dann wieder neuen Lebensmut gefasst, weil das Meer einfach so wahnsinnig schön war. Die Sonne wärmte mich durch und durch und das Taurus Gebirge ist malerisch schön in all seiner Kargheit und den vielen klaren Flüssen. Viele Jahre später habe ich diesem Land ein paar Gedichte gewidmet: **Aufbruch ins gelobte Land,**

Feigen statt Äpfel und vor allem das Gedicht mit dem Titel **Stille See.** Aber damals hatte ich meine Sprache verloren. Es gab nichts mehr zu reden. Ich habe damals als 25-Jährige die Welt nicht mehr verstanden. Was hatte ich verkehrt gemacht? Man hatte mir doch versprochen, mir meine Freiheit zu lassen, wenn ich nur den gesellschaftlichen Anforderungen eines Nachkriegsdeutschlands gerecht werden würde. Stattdessen wurde ich von zwei Männern in Besitz genommen, obwohl beide nicht das Recht dazu hatten. Der eine wollte eine Scheinehe einer Spießbürgerwelt zum Trotz. Der andere wollte keine Verpflichtung aus dem gleichen Grund. Denn er war der vorgesehene Erbe eines Firmenimperiums im deutschesten aller Länder, nämlich dem Schwabenland, und als beide voneinander erfuhren, muss ihnen wohl klar geworden sein, dass sie mich ja wirklich lieben und nicht nur benutzen wollten für irgendein blödes Rebellenspiel. Doch statt mit mir darüber zu reden oder wenigstens miteinander zu reden, ließen sie mich beide ihre grenzenlose Enttäuschung aufs härteste spüren.

Unter diese Geschichte einen Schlussstrich zu ziehen, ist nicht ganz einfach. Aber ich halte mal fest, dass beide Männer mich in einer Art Rausch zur Liebsten erklärt haben. Ernüchtert die Tatsachen des wirklichen Lebens erkennend waren aber beide nicht in der Lage, ihr Versprechen einzuhalten. Ich möchte mich aber auch einmal zu dieser für mich so lebensentscheidenden Phase äußern dürfen. Für mich war nur Herbert ein Mann, mit dem ich hätte leben wollen. Hans-Jürgen hat dies aber mit aller Gewalt zu verhindern gewusst.

Aufbruch ins gelobte Land

Ich habe meinen Vater getötet.
Mein Bruder hat mir Trost versprochen.
Doch als ich mich
in seine Arme begeben wollte,
zückte er des Vaters Messer
und stach mitten
in mein weinendes Herz.

Ich habe mich der Gewalt dieses Herrenlandes
mit Geschick entziehen können.
Doch als meine Kraft zu Ende ging,
machte ich mich auf den Weg
zurück ins Paradies.

In diesem gelobten Land
fließt klares Wasser
und die Bäume tragen auch
im Winter Früchte.

Dort wartet mein Liebster auf mich.

Breitenau, 16. Januar 2000

Von wegen Flüchten wegen vieler Enttäuschungen. Mein Liebster ist hier auf der Breitenau in meinem Herzen, in meinem Kopf und der Bauch kommt auch noch dran.

Feigen statt Äpfel

Der Mensch sollte essen,
was Mutter Natur
ihm zu bieten hat;

und wenn wir einen Apfelbaum pflanzen,
der Feigenbaum daneben aber Früchte trägt,
dann essen wir eben Feigen.

Stiller See

Und der Berg ruft zum Himmel:
„Schick mir den See,
denn ich habe meine Spitze
nicht gegen Dich gerichtet,
sondern eine Mulde auf meinem Gipfel gebildet,
um Dir in ewiger Dankbarkeit
meine Opfer darzubieten."

Und der See ruft zum Himmel:
„Nimm mein Wasser an Dich,
denn die Menschen auf der Erde
trinken gierig aus meinen Quellen
und vom Berg kommt kein neues Wasser.
So drohen meine Ufer zu versumpfen,
und mein Boden ist am Vertrocknen."

Da schickt der Himmel
die Sonne zum See
und lässt das Wasser verdunsten
und Wolken verdunkeln
das Licht der Sonne.

*Da schickt der Himmel
den Wind zu den Wolken
und der Wind treibt sie in die Ferne
und der Berg
hält die Wolken fest.*

*Da schickt der Himmel
Blitz und Donner
und die Wolken werden auseinandergerissen
und Regen fällt in die Abgründe des Berges.*

*Und als am darauffolgenden Tag
die Sonne am Himmel erscheint,
sieht sie den Berg und den See
in heiterer Ruhe,
dem Himmel dankend
vereint.*

Lieber Dennis,

diese Geschichte wird nun doch viel länger, als ich gedacht habe. Den beachtlichen Rest gibt's morgen, den 23. Dezember 2001.

Wir schreiben das Jahr 1977. Diese Herbert-Geschichte dauerte noch 25 weitere Jahre. Man soll es nicht für möglich halten. Aber irgendwie konnten wir uns nicht voneinander lösen. Zuletzt habe ich Herbert im Sommer 1999 gesehen. Er war ganz schön alt geworden und natürlich wurde er der beste Monopolyspieler unserer Generation. Mit seiner Lebenslüge fiel er aber schwer auf die Schnauze, denn seine 10 Jahre jüngere Frau Martina und ich schlossen einen geheimen Bund. Martina wollte, wie ich auch, unbedingt ein Kind von Herbert. Weil dieses Muttersöhnchen aber auf keinen Fall einen Rivalen neben sich dulden wollte, verweigerte er seine offizielle Zustimmung, Vater zu werden. Ich hatte mich damals dran gehalten, weil ich immer gemacht habe, was Männer von mir verlangt haben. Dabei wäre es eine Kleinigkeit gewesen, sich schwängern zu lassen von dem gleichaltrigen Millionärssöhnchen. Denn er verließ sich natürlich auf mich, dass ich die Pille nehme, so wie alle 68er das getan haben. Verhüten war noch nie die Sache eines deutschen Mannes. Die Pille wurde deshalb auch in Deutschland von einem deutschen Wissenschaftler entwickelt und deutsche Pharmafirmen sind damit an die Spitze der Weltkonzerne gedrungen. Die Männer wissen halt schon, wofür es sich lohnt, zu forschen. Das Dumme daran ist nur, dass man uns Frauen die Pille als

Befreiungsschlag von der Vorherrschaft der Männer verkauft hat. Nichts als Quatsch. Wir Frauen hatten jetzt überhaupt keine Ausrede mehr, wenn wir nicht wollten. Ständig verfügbar. Das ist der Vorzug, künstlich in den Hormonhaushalt von Frauen hineinzuregieren.

Ich habe dieses Teufelszeug nur während der Ehe mit H.J. genommen. Schließlich konnte ich mir nie völlig sicher sein, wenn er von einer Streiftour völlig zerzaust wie ein streunender Kater zurückkam. Es kam vor, dass auch er ein bisschen kuscheln wollte, bei Mami unter der Bettdecke. Seine Mami war ich. Es gibt dazu ein Gedicht mit dem Titel **Ich bin nicht Eure Mutter.** Ich hab ihn auch immer wieder schön aufgepäppelt, den Superdoktor, der sich in der ganzen Welt herumtrieb. Übrigens, als diese Aidsdiskussion aufkam, das war, glaube ich, Anfang der 90er, bin ich sofort, als Allererstes zu meinem Hausarzt und hab mir einen Test machen lassen, denn Hans-Jürgen hat es wahrscheinlich mit jedem getrieben, der ihm gerade unterkam. Er war auch bekennender Bisexueller. Es gab also Grund, erstens nicht schwanger von ihm zu werden und zweitens aufzupassen, dass er einem nichts anhängte. Überhaupt wurde er mit zunehmendem Alter immer unförmiger und kränker, Gründe genug, um ihn nicht an sich herankommen zu lassen.

Herbert war ein anständiger Altersgenosse, der in Kaiserslautern Architektur studierte. Er wollte aber absolut keine Kinder haben. Wenn ich ehrlich bin, war das wahrscheinlich auch der Grund, warum ich mir keine Mühe gab, ihn zu überzeugen, dass wir beide zusammenbleiben sollten. Ich kann so etwas nicht verstehen. Wenn zwei junge Menschen, die sich lieben und die gesund sind, keine Kinder haben wollen, wer sollte dann für den Erhalt der Gattung Mensch sorgen!? Es ist das Normalste der Welt, dass der Fortbestand der Menschheit auf diese Art und Weise sichergestellt wird. Wenn die Menschen das als Naturgesetz, dem man sich beugen sollte, akzeptieren würden, bräuchte es keine gentechnischen Forschungstätigkeiten. Das, was wachsen soll, wächst seit vielen Millionen Jahren auf der Erde. Warum soll das jetzt nach Erfindung der Pille plötzlich anders sein? Herbert war jedenfalls einer von den Männern, der die Liebe in geistig-seelische Vereinigung und körperliche Liebe aufteilte. Das machen übrigens viele Männer so. Eine Frau mit Intellekt, die sich ums Geschäft und das liebe Geld kümmert, und eine fürs Herz, die sich um die emotionalen Triebbedürfnisse des Mannes zu kümmern hat. Und natürlich muss die Frau kochen können. Denn die Liebe geht durch den Magen. Sonst noch was, meine Herren, pflegte ich dazu immer zu sagen. Wenn ich, als Frau, von einem Mann gespalten werde, dann muss der sich nicht wundern, wenn er eines Tages dafür die Quittung in Form einer Scheidung erhält. Denn das ist der echte Fortschritt, den wir Frauen gemacht haben. In einer Ehegemeinschaft gelten aber die Gesetze des Vertrauens und der Liebe. Wenn es da nicht mehr stimmt, dann können Gesetze, die das Materielle regeln, auch nicht mehr helfen und deshalb geht es bei Scheidungen immer nur ums Geld, oder?

Für Herbert war ich in erster Linie Seelennahrung und natürlich trug ich auch mit meiner Weltauffassung zu seiner geistigen Erweiterung bei. Auch er hatte, ähnlich wie Hans-Jürgen, Defizite im Bereich Herzenswärme zu verzeichnen und sein Weltbild war und ist sehr einseitig aus den Bausteinen des Kapitalismus zusammengefügt. Er hat zwar immer behauptet, dass es ihn nicht stört, weil ich aus einfachen Verhältnissen stamme. Aber das stimmt nicht. Denn er war immer nüchtern, wenn er das behauptet hat. Wenn er besoffen war, zeigte er sein wahres Interesse an mir und das war schlicht und ergreifend eine grandiose Geilheit, die ihn jedes Mal beim Anblick meines knackigen Hinterns übermannte. Eigentlich war ich ja mit dieser Dreieinigkeit die perfekte Frau für ihn und dennoch klappte es nicht bei uns beiden. Vielleicht hatte ich einfach zu wenig Selbstvertrauen, denn mir war das damals noch nicht ansatzweise klar, dass ich einem Mann gewisse Reize zu bieten hatte. Erst sehr viele Jahre später fiel mir auf, dass ich offensichtlich ein bisschen sexy bin, wenn selbst 22-jährige Jungs einen Mordsspaß mit mir als 43-Jähriger hatten. Auf diese Abenteuer habe ich mich erst nach der Scheidung von meinem dritten Ehemann eingelassen. Stolz bin ich darauf nicht. Es war halt so eine Art Midlife-Crisis einer beruflich erfolgreichen vierfachen Mutter.

Zurück ins Jahr 1977. Nachdem ich meine Anstellung als Fachpflegekraft an den Nagel gehängt hatte beschloss ich, das mir vorenthaltene Abitur am Wirtschaftsgymnasium in Kaiserslautern nachzuholen. Bei meiner Anmeldung sagte mir der Schulleiter, dass er noch nie so eine alte Schülerin bei sich aufgenommen hatte. Aber grundsätzlich fand er es gut, dass ich Bildung einem mondänen Arztgattinnen-Dasein vorzog. Am 24. August 1978, 08:00 Uhr begann mein Unterricht in der Berufsbildenden Schule II Wirtschaftsgymnasium. Mein Ehegatte fühlte sich ziemlich rasch vernachlässigt mit der Folge, dass er mich und meine Tochter fast täglich prügelte. Sybille zeigte rasch psychische Veränderungen. Die evangelische Landeskirche der Pfalz hatte in der Lauterstraße 10 eine Ehe- und Erziehungsberatungseinrichtung ins Leben gerufen, die in einem solchen Fall kostenlos hilfesuchenden Müttern Beratung anbot. Dieses Angebot nahm ich an.

Der Leiter dieser kirchlichen Einrichtung wurde in Mühlhausen/Thüringen geboren. Im Jahr 1958 machte er sich auf den Weg nach Westdeutschland und ließ seine verwitwete Mutter, deren einziger Sohn er war, alleine zurück. Es war bekannt, dass er selbst Vater von drei Kindern war und mit seiner Familie von München nach Kaiserslautern umgezogen war, und zwar weil er diese lukrative Arbeitsstelle als Diplom-Psychologe erhalten hatte. Herr H. war starker Raucher und mir verschlug es fast den Atem beim Betreten des Beratungszimmers. Den ersten Rat, den er mir erteilte, war, mich von Ehemann Nummer zwei zu trennen. Diesen Rat befolgte ich, indem ich mir eine eigene Wohnung nahm. Herr H. nahm dies zum Anlass, um sich persönlich über meine neuen häuslichen Verhältnisse zu informieren. Im Januar 1980 kam es dann zu Übergriffigkeiten des damals 44-jährigen dreifachen Vaters und Ehemannes einer Krankenschwester Jahrgang 1944.

Ich habe diesen Vorfall meinen Eltern berichtet und damit einen Sturm der Häme ausgelöst. „Das kommt davon, wenn man sich einfach nicht beugen will", meinte mein Vater und meine Mutter setzte noch eins drauf, indem sie mir ihr Bedauern, dass sie mich nicht abgetrieben habe, hasserfüllt ins Gesicht schleuderte. Meine Schwester und mein Schwager, der Herr Rechtsanwalt, waren anwesend und unterstützten die scheußlichen Wahrheiten meiner Mutter. Auch meine Tochter verfolgte die Szene, sprang mir aber ebenfalls nicht zur Seite. Sie himmelte den Herrn H. geradezu an und verabscheute mich als Mutter von diesem Augenblick an.

Nach der Scheidung am 21.05.1980 verzichtete ich zum großen Unverständnis meines Anwalts auf Unterhalt. Ich wollte aber nicht nur beweisen, dass ich auch ohne die Unterstützung der Männerwelt zurechtkäme, mir war auch bewusst, dass mein Ex-Mann, der Arzt ständig wegen seines aufwendigen Lebensstils pleite war.

Frei von jeglichen ehelichen Verpflichtungen glaubte ich nun, meinen Weg gehen zu können. Das änderte sich schlagartig, als ich erfuhr, dass ich durch die wiederholten Besuche des Seelentrösters Gunter H. schwanger geworden war.

Am 06. Mai 1981 kam mein Sohn Florian zur Welt. Die ungewollte Schwangerschaft hielt mich jedoch nicht davon ab, mein Abitur im Juni 1981 abzulegen. Die Lehrer am Wirtschaftsgymnasium kamen angereist und gratulierten mir zur Geburt meines Sohnes, dem sie eine hervorragende Zukunftsprognose ausstellten, weil ich als werdende Mutter neben allem Bildungswillen den natürlichen Dingen des Lebens wie eine Mutterschaft den Vorrang einräumte. Mein Vater meinte lakonisch, dass man nun wohl Abitur bräuchte um Mutter zu werden. Er wollte von seinem Enkel zunächst nichts wissen. Meine Mutter auch nicht. Die Rolle als Großeltern lehnten beide Eltern ab bis zuletzt!

Nun war ich zweifache Mutter, zweimal geschieden und ohne eigenes Einkommen, aber dafür hatte ich eine ausgezeichnete Ausbildung als Krankenschwester und Abitur, was mich berechtigt hätte, Medizin zu studieren. Diesen Weg bin ich nicht gegangen, sondern habe mich wortlos meinem Schicksal ergeben, auf das ich allerdings aus Rücksicht auf meine mittlerweile vier Kinder nicht weiter eingehen will.

Und nun wieder zu meinen gescheiterten Hoffnungen auf ein Familienleben mit Herbert. Obwohl er sein Studium der Architektur nie beendet hat heiratete der 42 jährige Student Herbert T. an meinem 42. Geburtstag eine 12 Jahre jüngere Frau, die von Beruf Physiotherapeutin war.

Nach 7 Jahren kriselte es schwer und Herbert wollte von mir getröstet werden. Ich hatte aber seine Spielchen längst durchschaut und sammelte bei der Sonnenfinsternis am 11. August 1999 sämtliche Hexenkräfte, um seiner Frau endlich das ersehnte Kind zu wünschen. Und soll ich Dir was sagen, Dennis, ich bin eine echte Hexe, denn am 15.06.2000 bekamen Herbert und Martina einen Sohn und nannten ihn WOLF.

Da fällt mir gerade ein, dass Du ein Kreuz an einer silbernen Kette um Deinen Hals getragen hast und dieses Kruzifix auch nicht abgelegt hast, als alle anderen Bekleidungsstücke zu Boden fielen. Hattest Du Angst, ich sei vielleicht ein Vampir oder so was Ähnliches? Musst Du nicht. Mein Name ist Eva-Maria. Ich verführe, um zu heilen, nicht um zu töten. Die Geburt des Sohnes der Eheleute Martina und Herbert beendete jedenfalls endgültig alle Spekulationen, ob aus Herbert und Eva jemals noch etwas werden würde, denn wenn ein Mann zwar noch seiner Frau auszuspannen ist, darf auf keinen Fall einem Kind der Vater genommen werden. Bis der kleine Wolf aber erwachsen ist, vergehen mindestens weitere 25 Jahre. Wer weiß ob Herbert und Eva im Jahr 2025 noch leben.

Ich selbst habe auch einen Sohn, der im Mai 1981 geboren wurde. Florian war von Beginn seines Lebens vollkommen auf Computer fixiert. Als 19 jähriger ist er fitter als seine Lehrer im Gymnasium. Für ihn existiert außerhalb der Cyberwelt eigentlich nichts. Mich gruselt vor Männern wie meinem Sohn, denen der geheiligte Computer über alles geht und die der künstlichen Intelligenz einer emotionalen den Vorzug geben. Diese Männer müssen sich die Finger nicht mehr schmutzig machen. Sie brauchen noch nicht einmal ein Flugzeug zu besteigen, um von dort Bomben auf unschuldige Menschen abzuwerfen. Die ferngesteuerte Technik regelt alles. Füße auf den Computer, Cola daneben, Chips und Schokolade und schon kann's losgehen mit der Menschenvernichtungsmaschinerie. Ein Horror, dem man sich nur entziehen kann, indem man sich allen technischen Fortschrittserrungenschaften verweigert, so wie ich das getan habe. Kein Telefon. Kein Internet. Kein Fernsehen. Kein Handy. Nur noch normale Elektrizität und auch über die ist man noch angreifbar genug. Ansonsten: Wald. Holz. Frische Luft. Wasser und die persönliche Begegnung. Du lieber Dennis, bist mit Sicherheit von Berufs wegen Teil einer großen Männermaschinerie namens Militär, aber Du bist Mensch geblieben und eigentlich dürfte ein Mann, wie Du einer bist, nie in Rente gehen, weil sonst das ganze Know-how diesen Männerkids, wie mein Sohn einer ist, überlassen wird. Das könnte durchaus den Untergang der Menschheit bedeuten. Denn solche Männer haben bei gesunden Frauen kein Glück. Frauen, egal wie alt oder jung, sind der Natur viel näher und sie ahnen instinktiv, zu welchen Gräueltaten solche Computerfreaks fähig sind. Eine gesunde Frau wird aber Abstand nehmen von solch einem Mann und der wird dann völlig frustriert sein und erst recht sämtliche Hemmschwellen, die ihm die Mutter versucht hat beizubringen, vergessen. Ich glaube, da liegt ein echtes Problem unserer Zukunft. Unsere Söhne brauchen Väter, wie Du einer bist, die nicht nur die Möglichkeiten einer neuen Welt aufzeigen, sondern auch gleichzeitig auf deren Grenzen verweisen. Man kann und darf nicht alles tun, was möglich ist, sonst gibt es einen furchtbaren Kater am nächsten Morgen, womit wir wieder bei uns sind.

Zwischendurch hätte ich eine Frage, kannst Du eigentlich auch massieren oder muss ich das immer bei Dir machen? Mein Rücken tut mit höllisch weh und ich bräuchte dringend eine Massage. Ich bedaure es jetzt sehr, dass wir beide in der ersten, hoffentlich nicht letzten gemeinsamen Nacht nicht so gut drauf waren. Denn irgendwie glaube ich, dass wir beide uns gegenseitig allerhand zu bieten haben. Das meine ich jetzt rein körperlich. Ich finde es jetzt auf einmal auch sehr angenehm, auf diesem Gebiet nicht unerfahren zu sein. Guter Sex ist was Herrliches und kann nur genossen werden, wenn das nötige Selbstbewusstsein da ist. Wenn man jung ist, hat man meistens kein richtiges Selbstbewusstsein. Da braucht man das auch noch nicht. Irgendwie ist sowieso alles in Ordnung. Man ist fit, knackig und voller Energie. Erst wenn man anfängt zu verlieren, was einem der liebe Gott alles mitgegeben hat, versteht man, den Wert der Dinge zu schätzen. Und noch etwas ist mir aufgefallen. Wenn die eindeutig sexuell zu stimulierenden Organe an Energie nachlassen, sind Kreativität und Phantasie gefragt. Ich finde das ehrlich gesagt sehr viel interessanter als die reine Mechanik, die ja sowieso in erster Linie dem Kinderzeugen zugedacht ist. Gott sei Dank ist dieses Thema für uns beide Vergangenheit. Du glaubst gar nicht, wie wichtig das für mich ist. Ein Mann, der noch keine Kinder hatte, ist nichts für mich. Jeder Mann sollte mindestens ein Kind großgezogen haben, damit er weiß, wofür er letzten Endes gelebt hat. Du hast zwei Söhne, die Du auch sehr lieb hast, und das finde ich besonders sympathisch an Dir.

Für heute reicht es mir. Morgen, den 24.12.2001 werde ich Dir ein wenig über Heiner erzählen. Mit dem hab ich zwar nie geschlafen, aber Kopfzerbrechen hat er mir dennoch fast drei Jahre lang bereitet.

Eva

Ich bin nicht Eure Mutter

Lieber Hans.

Du hast Deine Mutter gesucht,
in meinem Schoß hast Du die Wärme gefunden,
die Dir als Kind vorenthalten wurde.
Du hast aber auch Leidenschaft gefunden
und Deine Grenzen wurden sichtbar.
Ich bin nicht Deine Mutter,
ich bin Eva
und die Schlange in mir
ist Gift und Heilung zugleich.

Lieber Hans-Jürgen.

Du hast Deine Mutter gesucht,
eine alles verzeihende Mutter,
aber ich bin nicht Deine Mutter,
ich bin Eva
und die Schlange in mir
hat Dein Herz gebissen
und blutenden Herzens
hast Du Maria gefunden,
die Frau, die Dir alles verzeiht.

Lieber Gunter.

*Du hast Deine Mutter gesucht,
um Dich an ihr zu rächen
für all die Demütigungen,
die sie Dir zugeführt hat.
Aber ich bin nicht Deine Mutter,
ich bin Eva
und die Schlange in mir
ist stärker als Dein Hass.
Beim Ringen ums Leben
habe ich Dir Kinder geschenkt,
die Du nun für immer lieben kannst.*

Lieber Florian.

*Ich bin Deine Mutter,
aber die Schlange in mir
versucht, Dich
mit ihrem Gift zu lähmen.
Für Dich
werde ich die Schlange töten.*

Mai 1996

Weihnachten, deutsch-amerikanisch

Heute ist der 24. Dezember 2001. In drei Stunden feiert die christliche Welt Heiligabend. Ich wollte das auch feiern, mit Dennis dieses Jahr und mit Michael 1999.

Aus beiden Weihnachtsfeiern wird nichts und das, was dazwischen war, nämlich Weihnachten 2000, war das verlorenste Fest, das ich je in meinem Leben erlebt habe. Der Titel dieses angefangenen Buches ist neun Wochen zwischen Erinnerung und Hoffnung. Diese neun Wochen sind aber erst am 06. Januar 2002 vorbei. Als ich anfing, dieses Buch zu schreiben, stand ich vollkommen unter dem Einfluss von Michael. Mitten drin platzte Dennis rein. Mit dem ist es aber nach einer Nacht fucking blowing schon wieder vorbei. Er wollte nicht mehr, als von einer Deutschen mal einen geblasen zu bekommen, und das vollkommen umsonst. Ist halt ein richtiger Amischotte. Nun ja, mich hat auch dieser Ausreißer nicht zur Hure gemacht und vor Schmerz krepiere ich auch hier nicht. Dennis hat mir die Augen und den Mund geöffnet, um mein angefangenes Buch fertig zu schreiben. Wem ich das letzten Endes wirklich widme, weiß ich noch nicht. Vielleicht Dennis und Michael, denn beide sind irgendwie klasse, aber halt auch schwierig. Beide Männer wollen mir etwas beweisen. Was, weiß ich nicht. Vielleicht, dass echte Liebe einen fertigmacht. Das ist halbwegs gelungen, Jungs. Ihr zwei macht mich fertig. Am liebsten hätte ich euch alle beide und will mich nicht entscheiden müssen zwischen dem deutschen Intellekt und dem amerikanischen way of life. Ich steh auf beides und genau da liegt auch der Hase im Pfeffer. Denn es ist kein Problem, dass ein Mann zwei Weiber hat, aber umgekehrt geht gar nicht! Weil ich aber keinen Kerl brauche, der es mir besorgt, bin ich so frei und nehme euch beide, so wie ihr seid. Ich steh auf Dich Michael, weil Du ein knallharter Politjunkie bist, und ich bin verrückt nach Dir, Dennis, weil Du mich anmachst und wir anschließend super zusammen spazieren gehen können, um in der Markthalle Fußball zu kucken. Es ist irgendwie sehr tröstlich, dass ihr beide das ganz genauso seht. Für Michael bin ich die perfekte Intellektuelle und für Dennis eine wirklich liebe und fürsorgliche Krankenschwester. Einigen wir uns darauf, dass man Weihnachten in der Familie feiert, und ihr habt ja beide eine Familie, ganz typisch deutsch-amerikanisch geschieden und dennoch zusammen. Bullshit. Ich bin geschieden. Basta! Meine Kinder haben mehr Vertrauen zu ihrem Vater als zu mir, weil der halt so schön scheinheilig Weihnachten feiern kann. Also sind sie bei ihm. Recht so. Will keinen von den Kids sehen und ich bin sehr dankbar, dass sie sich an meine Worte gehalten haben, wonach mir weder zum 50. Geburtstag noch zu Weihnachten unter die Augen zu treten ist, wenn im Hintergrund ein schlechtes Gewissen an den Hirnschädel klopft. Die haben alle ein riesenschlechtes Gewissen gegenüber ihrer Mutter und das ist gut so. Es ist ein Zeichen dafür, dass sie meine Kinder geblieben sind, und meine Kinder haben ein Gewissen, wenn auch ein schlechtes.

Ich bin ein Anhänger der Wahrheit auch und gerade meiner eigenen Wahrheit.

Meine Weihnacht 2001 wird die ehrlichste Weihnacht werden, die ich mir selbst je bereitet habe, also ganz im Sinne dieses Buches, welches ja von der Rückkehr ins Leben handeln soll.

Der Untertitel des Something-stupid-Buches ist übrigens Wir gegen uns. Ich will das aber nicht, sondern ich will, dass **Wir für uns** sind, für das Leben, für die Liebe, für die Leidenschaft und wenn einer der beiden Kontrahenten alles in einer Person irgendwann einmal vereint, dann kann er mir einen Heiratsantrag machen. Ich werde sofort ohne Umschweife Ja sagen. Aber erst dann. Ich will einmal einen richtigen Mann an meiner Seite haben, einen, mit dem ich alles machen kann, und umgekehrt. Dazu gehört zum Beispiel auch, dass man zu Weihnachten in die Kirche geht. Alleine gehe ich nicht.

Wir für uns

Unser Ursprung ist derselbe
und doch kommen wir aus verschiedenen Richtungen.

Unsere Ziele sind die gleichen
und doch geht jeder seines Weges.

Unsere Herzen wollen sich vereinen
in einer mondlosen Vollmondnacht.

Wir warten und suchen,
wir finden und verlieren,
wir gewinnen uns füreinander

irgendwo
irgendwann
irgendwie.

Breitenau, März 1998

Der liebe Gott hat mir heute den Pfarrer Kaiser zufällig über den Weg geschickt und der hat mir die Hand gegeben und sich nach meinem Befinden erkundigt. Ich hab meinen Handschuh ausgezogen und seinen Gruß erwidert, ihm außerdem gesagt, dass es mir schlecht geht.

Dann hab ich dem katholischen Sozialisten auf die linke Oberarmhälfte jovial meinen Handschlag angedeihen lassen und bin zu meinem Vater ins Altersheim gelaufen.

Mein Vater ist der einzige Mann, den ich einfach liebe, ohne Schnörkel, wortlos und wortreich, wie ich gerade drauf bin. Aber ich liebe ihn, egal wie dumm und eifersüchtig er sich in der Vergangenheit angestellt hat. Als ich ihm von Michael erzählte, war er noch rasend vor Eifersucht. Dann die erneute Pause von fast 12 Wochen und als ich ihm dann von Dennis erzählte, war er blind einverstanden vor lauter Angst, ich könnte ihn wieder verlassen. Dabei haben meine Besuche bei ihm nichts mit Euch beiden zu tun. Ich habe mein Verhältnis zu ihm zu klären. Ich will anhand seiner Fehler meine eigenen besser und schneller erkennen können. Im Gegensatz zu Euch beiden habe ich noch einen Vater und darum werde ich zu Recht von Euch beiden beneidet. Ohne Väter ist nämlich eine Erinnerung, die zur hoffnungstragenden Zukunft beitragen soll, nicht möglich. Das bloße Erinnern endet meist in sentimentaler Schönfärberei. Die menschliche Natur neigt dazu, bei sich selbst alles Negative einfach auszulöschen und nur die positiven Seiten zuzulassen. Eine durch das reale Leben dargestellte Erinnerung zeigt aber gerade die schlechten Seiten menschlichen Wirkens. Ich würde Euch wirklich beide empfehlen, auch nur ein einziges Mal ein Altersheim von innen anzuschauen. Nicht zum Zwecke einer Neueinweihung, wenn die Politgrößen da vorne ihre Selbstbeweihräucherungstiraden ablassen. Nein, an einem normalen Werktag, wenn es keiner sieht. Besucht ihn doch einfach mal, meinen Alten. Er ist im St. Hedwigs Heim am Messeplatz. Das findet sogar Dennis. Schließlich waren die GIs doch immer auf der Kerwe, um sich zu besaufen und uns anschließend vor die Haustür zu kotzen, so dass wir Kinder morgens beim Weg zur Schule immer über diese ganze Ami-Kotze drübersteigen mussten.

Unterbrechung. Es klopft und das am Heiligabend Nachmittag. Ich mach die Tür auf ...

und was passiert, wenn man derart ungehemmt einmal über all das redet, was einem schon immer genervt hat? Drei Grazien klopfen an die stets verschlossene Tür und bitten ganz zaghaft um Einlass. Ja, sie waren da, meine Mädchen. Eine schöner als die andere. Sie haben sich das Wunder ihrer Mutter angeschaut und sind sehr zufrieden und mit meinem alten Schmuck behängt nach einer halben Stunde wieder gegangen. Ach ihr Männer, wenn ihr wüsstet, wie einfach das mit uns Frauen ist. Wir wollen doch auch nur ein bisschen unter uns sein. Wir haben halt ganz andere Bedürfnisse wie ihr und ob ihr das wahrhaben wollt oder nicht, am wichtigsten ist im Leben einer Frau die Mutter und die Kinder. So ist das, meine Herren. Wir finden euch Mannskerle ganz toll. Aber nur manchmal, wenn wir gerade einsam sind und keines unserer Kinder oder ein Elternteil da ist. Wir Frauen brauchen uns gegenseitig, denn wir wissen besser um die Vergänglichkeit des Lebens Bescheid als alle Männer der Welt und wir machen uns immer Sorgen, dass ihr Männer mit Eurem ungestümen Blut alles kaputtmacht, wenn ihr erst einmal Euer Ziel erreicht habt. Meine Mädchen haben schöne Figuren, so wie ich früher einmal. Wahrscheinlich hatten sie auch ein bisschen Angst vor ihrer Zukunft. Sie sind ja nicht blind und sie sehen ja, wie wenig Verlass auf Männer ist, wenn es ernst wird.

Auf mich ist Verlass. Es wird meine Töchter stark machen. Sie wissen nun, dass eine Frau sie selbst bleiben kann für den Fall, dass sie das wirklich will. Keine Verleugnungsgeschichten mehr. Kein notgedrungenes Anpassen, weil einem sonst der Geldhahn zugedreht wird. Mutter Natur ernährt uns alle. Genau das lebe ich meinen Kindern und übrigens auch der anderen Umwelt im Moment gerade vor. Sicher. Wir brauchen Strom. Wir brauchen auch ein Dach über dem Kopf. Wir brauchen Fortbewegungsmittel. Dafür sind die Männer zuständig. Was Männer nicht kapieren wollen, ist, dass wir Frauen unseren eigenen Kopf haben, nach dem es natürlich meistens nicht geht. Wir Frauen haben nicht aufgepasst und uns im Zuge der Emanzipation das Heft aus der Hand nehmen lassen. Wer sich allzeit bereithält, hat nichts mehr zu vergeben, was wirklich interessant wäre. Bei einer solchen Einstellung ist es nicht verwunderlich, wenn sich der Finanzstärkste sein Filetstückchen herausschneidet und den Rest den anderen überlässt.

Mich wollte zuletzt nur noch der Berliner Jürgen K. Aber der ist doch nun wirklich nichts für mich. Abgesehen davon, dass der Bedienstete der Bereitschaftspolizei in

Enkenbach-Alsenborn chronisch pleite ist und an der Buttel hängt, glaubt er allen Ernstes, klug und schön zu sein. Dass ich nicht lache. Dumm und doof trifft eher zu oder wie meine Oma meinte. „Dummheit und Stolz wachsen auf einem Holz." Aufgetaucht ist der Berufslügner bei mir im April 2000 mit einem blauen Müllsack, in dem er seine Habseligkeiten aus seiner gescheiterten Ehe mitgebracht hat. Aus purem Mitleid habe ich dem gebürtigen Berliner Unterschlupf gewährt. Ein folgenschwerer Fehler, wie sich im Nachhinein herausgestellt hat. Im Februar 2001 habe ich ihn vor die Tür gesetzt. Seine gekränkte Eitelkeit ließ diese Schmach aber nicht zu und fortan konnte ich am eigenen Leib erleben, was es heißt, gestalkt zu werden. Überall ist der Kerl aufgetaucht, um mich schlecht zu machen. Eingebrochen ist das Schwein und hat dafür gesorgt, dass jedermann Zutritt zu meinem Haus hier auf der Breitenau bekommt. Seine Kollegen von der Bereitschaftspolizei haben alles gedeckt und mich wie eine Geisteskranke behandelt, sobald ich etwas zur Anzeige brachte. Ich bin diesem Kerl hilflos ausgeliefert. Das kommt davon, wenn man nicht rechtzeitig einem Möchtegernlover Einhalt gebietet. Nun sitzt er in einem Einzimmerappartement in Mehlingen, das er mit meinen Möbeln ausgestattet hat. Geld für eigene Möbel hatte der Loser nämlich keines. Also bediente er sich bei mir. Ich muss nun auch befürchten, dass er nachts heimlich ums entlegene Haus schleicht, um mich einzuschüchtern. Das gelingt ihm nicht! Ich habe eine Axt bereitgestellt. Sobald ein Fremdling auftaucht, kriegt er die auf den Kopf. Lieber gehe ich wegen Totschlags ins Gefängnis, als mich wehrlos umbringen zu lassen. Ich hoffe sehr, dass sich diese Haltung herumspricht bei Männern, von denen ich ja nun eine ganze Menge kenne und die irgendwie alle angesprochen sind.

So, jetzt ist es Heiligabend. Ich werde etwas essen. Mein Reis ist verbrannt, weil ich noch so aufgeregt war wegen des überraschenden Besuches meiner drei Töchter, und die Erbsen kommen aus der Dose. Geld für frische Erbsen habe ich nämlich keines mehr. Dann hole ich eine Weihnachts-CD und dann singe ich den ganzen Abend Weihnachtslieder, damit alle Welt dies hören mag.

Eva-Maria

Ich habe nicht ein einziges Weihnachtslied gesungen. Es ist keine Zeit für fromme Lieder, sondern für ein ehrlich garstiges Lied. Aber nicht heute. Morgen vielleicht.

Völker, hört die Signale,
auf zum letzten Gefecht,
die Internationale
bekämpft des Menschen Recht!

Was waren das doch für Zeiten, in denen Menschen miteinander geredet, gestritten und geliebt haben. Heute geht nur noch alles schweigsam seinen unheilvollen Weg. 24.12.2001. Er will mich nicht sehen. Ende oder was? „Sei mir nicht bös, aber ich will nicht mehr, dass Du mich anrufst", hat er am Handy gesagt. Ich bin traurig und hilflos und weiß nicht mehr, was ich tun soll oder nicht.

Wir haben heute den **26. Dezember 2001** zweiter Weihnachtsfeiertag. Am ersten Weihnachtsfeiertag habe ich eine Schreibpause eingelegt. Dafür gab es gleich morgens eine Gefühlsexplosion, etwa so: „Mike, sie hat mich wieder, die Liebe!" Diesen Satz habe ich auf ein Blatt Papier mit dem Rest eines roten Filzschreibers gekritzelt und dann habe ich das an mein Küchenfenster, das im Moment auch mein Schlafzimmerfenster ist, nach vorne hinaus sichtbar ausgehängt. Anschließend habe ich meine Boxen neu angeschlossen, alternativ SWR 3 und Rock Land Radio gehört und die Musik, die da bis zur Schmerzgrenze herausdröhnte, ließ einen Knoten in mir platzen. Ich hab getanzt, geschrien, gejubelt, als ob ich auf einem Rockkonzert wäre. Mann war das geil. Der Müller von gegenüber schippte gerade mal wieder den Schnee vor seiner Garage, die demonstrativ geöffnet blieb, damit ich auch ja sehe, dass Madame einen nagelneuen Lupo als Weihnachtsgeschenk erhalten hat. Vielleicht bleibt sie ihm ja jetzt mal wenigstens für ein Jahr treu. Jedenfalls hab ich, nachdem ich meine vor Eiseskälte geplatzten Heizkörper begutachtet hatte, das Fenster geöffnet und dem Müller frohe Weihnacht gewünscht. Hat der gekuckt. Als ob ich nicht alle Tassen im Schrank hätte und das nur, weil ich ihm frohe Weihnacht gewünscht habe. Den wirklichen Grund für meine saugute Laune konnte ich ihm ja nicht sagen, denn dann hätte er mich zu Recht für verrückt erklärt. Ich war nämlich wieder hin und weg von meinem Michael, von dem amerikanischen Michael wohlgemerkt, was bei der Aussprache zu beachten ist. Dann wird nämlich aus einem deutschen Michel ein deutscher Maikel. Und dem bin ich dann doch tatsächlich drei Stunden später leibhaftig begegnet. Da sage mir einer, es gäbe keine Weihnachtswunder mehr. Ich hab es erlebt, die Überwindung vom Traum zur Wirklichkeit und ich werde sie wahrnehmen meine **Second Chance**. Ich wäre ja schön blöd, wenn ich das nicht täte.

Im Gegensatz zu Michael ist Maikel echt, greifbar, sichtbar, hörbar, spürbar, gut riechend, konkret. Keine Wahngestalt ohne Grenzen, ohne Möglichkeiten. Michael hat mir das Herz zerrissen. Er hat mir alles genommen, mein Ansehen, meine Kinder, meine seelische Robustheit. Ich bin nur noch ein Schatten meiner selbst und ich kann nur hoffen, mich irgendwann mal wieder so zu erholen, dass ein halbwegs normales Leben möglich ist. Mag sein, dass ich dasselbe bei ihm verursacht habe. Aber dann war es halt nötig, dass zwei Gleiche sich gegenseitig zertrümmern. Unter unserer nach außen gezeigten Fassade steckt ein jeweils wertvoller Kern. Ich bin aber auf die menschliche Zweisamkeit fixiert. Alles andere ist mir schon zu viel. Denn ich habe mich in meinem bisherigen Leben derart brutal ausnutzen lassen, dass ich ohne den Zerstörungswahn eines Altersgenossen namens Michael mit Sicherheit krepiert wäre. Bei ihm ist es genau umgekehrt. Er ist ein Egoist ohnegleichen gewesen, nur auf sich und seine Welt konzentriert. Jetzt steht sein ungeheuer großes Potential an Wissen, Erfahrung und auch gelernter Liebe einer großen gesellschaftlichen Gruppe Deutschlands zur Verfügung. Wir brauchen ihn, den deutschen Michel, um unsere europäisch politischen Ziele in einer amerikanisierten Welt umsetzen zu können.

Bye, bye Love. Du warst die größte Liebe meines Lebens. Etwas anderes kann ich nicht sagen, außer dass es immer noch weh tut, an Dich zu denken, ohne Dich berühren zu dürfen. Aber wenn wir beide noch einmal zusammenkämen, dann würden wir eine erneute Trennung nicht schaffen und wir sind halt nur jeder einzeln für unsere Mitmenschen ein Gewinn, nicht jedoch als Paar.

The second Chance

Heute ist der 25. Oktober 2001. Bald ist es so weit. Sie würde ihn endlich wiedersehen, den Grauschimmel ihres Traumes von vor zwei Jahren, der sich aus einer Herde wilder Pferde löste, um ihr vor Angst erstarrtes Gesicht zärtlich zu liebkosen. Sie hatte ihn gesucht, viele ewig lang dauernde Jahre hindurch, bis sie aufgegeben hatte, weil er nirgends zu sehen war, der Mann mit den traurigsten Augen und dem zärtlichsten Blick, der Dichter mit der schönsten Stimme und den wahrsten Worten auf den Lippen, die ihr Ohr so sehr begehrte, der Held mit den galantesten Händen und Manieren. Groß sollte er sein, klug und bescheiden. Kein Angeber oder menschenschindender Tyrann. Davon hatte sie, die 47-jährige „Rassestute", genug. Eigentlich war sie ja auch keine Rassestute, sondern ein eher zerbrechliches und dennoch eigensinniges weibliches Wesen. Klar. Kraft hatte sie und irgendwie waren die Männer auch von ihr angetan. Aber keiner von all den Hengsten erkannte ihr wahres Wesen und so wurde sie geschunden wie ein Ackergaul, der dann bei Erreichen der Altersgrenze wegen seiner Nutzlosigkeit einfach auf den Schlachthof geführt werden sollte. Sie ließ sich das aber nicht endlos gefallen und baute sich einen eigenen Stall, in den sie sich immer zurückziehen konnte, wenn ihr die Pferdeschinder da draußen zu dumm kamen. Aber glücklich war sie dort nicht. Sie wollte hinaus in die Freiheit, grüne Wiesen begehen und durch die Wälder streifen, bis sie irgendwann am Ziel ihrer Träume angekommen war und das war das Meer mit seiner unglaublichen Weisheit in der Tiefe und den unermüdlich am Strand landenden Wellen. Aber alleine wollte sie halt nicht dorthin. Er sollte mit ihr gehen an ihrer linken Seite, die immer besonders schwach war, Hand in Hand. Das war es, was sie wollte. Alles das hatte sie geträumt. Aber es wollte einfach nicht Wirklichkeit werden.

Vor lauter Enttäuschung setzte sie am Sonntag, den 17. Oktober 1999 eine Anzeige in die Zeitung mit der Initialzeile „Rassestute sucht Grauschimmel". Ein Scherz sollte es sein. Sie wollte sehen, wie viele selbstberufene Hengste sich auf eine solche Suchmeldung bewerben würden. Doch mit Träumen und Gefühlen sollte man nicht scherzen. Diese bittere Lehre hat sie dann auch aus den darauf folgenden zwei Jahren ziehen müssen. Es haben sich eine ganze Menge Hengste gemeldet, so wie sie es erwartet hatte. Nichts, wofür es lohnen würde, auch nur ein einziges Treffen herbeizuführen. Eine Zuschrift unterschied sich jedoch von allen anderen. Als sie den mit einem Kaiserslauterer Absender versehenen Brief öffnete, glaubte sie, ihren Traummann mit einem im Juni 1951 geborenen Niedersachsen gefunden zu haben. Sie war völlig fassungslos! Das konnte doch nicht wahr sein! Ein Irrtum! Ein Fehlläufer. Der Briefkopf war aber überprüfbar Wirklichkeit. Sie brauchte sich nicht in den linken oder rechten Arm zu zwicken, um sich von der Wahrhaftigkeit ihrer Existenz zu überzeugen. Sie musste nur zusehen, dass sie diesen Mann direkt vor sich sitzen sah und seine Stimme musste sie hören. Denn dass er die allerschönsten Augen der Welt hatte und die edelsten Hände, die sie je gesehen hat, war auf dem Foto zu erkennen. Sie rannte in ihr Zimmer, schloss die Tür hinter sich zu, damit nicht eines ihrer drei Kinder sie beim Telefonieren stören konnte, und wählte die auf dem Briefkopf erkennbare Handynummer. Es dauerte ewig und sie wollte gerade auflegen, da meldete er sich. Diese Stimme! Ihr Herz fing wie wild an zu klopfen. Sie brachte fast kein Wort heraus. Dann raffte sie all den der Situation gebotenen Mut zusammen und gab sich zu erkennen.

Es war ein kurzes Telefonat. Er war offensichtlich genauso überrascht über den Rückruf wie sie über sein Antwortschreiben. Sie erfuhr, dass er genauso alt war wie sie und dass er sie aus beruflichen Gründen erst am Dienstag, den 26.10.1999 treffen könne. Sie vereinbarten noch schnell einen Treffpunkt in ihrer Heimatstadt und seiner Wahlheimat und dann legten beide ganz erleichtert auf. Das musste erst einmal verkraftet werden. Zu groß war die Überraschung, dass endlich nach so vielen Jahren Einsamkeit das Glück nun greifbar nah schien. Weil sie sich so sehr schämte für die reichlich obszöne Anzeige, schrieb sie ihm schnell noch einen Brief, der ihrem eigentlichen Wesen sehr viel näher kam als der misslungene üble Scherz per Zeitungsannonce. Den Brief hatte er erhalten und als sie vom Einkauf zurückkehrte, fand sie eine Nachricht auf ihrer Mailbox. Michael K. wollte sich vergewissern, dass es doch hoffentlich bei der Verabredung für den Abend bleiben würde. Sie war außer sich vor Freude und lief noch schnell in die Stadt, um sich neu einzukleiden. Da sie wenig für Mode übrig hatte, vergriff sie sich aber bei der Wahl ihres Outfits für den heiß herbeigesehnten Abend zu zweit. Auch ihre schönen blonden Locken fielen der Schere der Friseuse am Dienstagmorgen zum Opfer. Wie sie nun da stand, war sie alles andere als eine Rassestute. Höchstens ein in die Jahre gekommenes Mütterchen oder eine schlecht beratene Emanze. Aber sie war schon so verliebt, dass ihr das alles gar nicht mehr auffiel.

Und dann war es so weit. Er wartete schon in einem ihr bestens bekanntes Weinlokal und als sie zur Tür hereinkam, waren beide verdutzt ob der Kühle, die plötzlich zwischen ihnen herrschte. Der Abend endete für sie mit äußerst gemischten Gefühlen. Was war das denn? Ein Geschäftsgespräch oder ein misslungener Start einer Spätromanze? Seine Augen hatten etwas Unbarmherziges, als er sagte, dass man sich mit ihm nicht anlegen solle. Seine Stimme war zwingend bei der Formulierung der Worte, dass er sie nicht mehr loslassen werde. Sein Geldbeutel war leer! Keine einzige Kreditkarte. Nur wenig Bargeld. Aber als er nach dem dritten Glas Blauburgunder sagte „Ich mag dich", schossen ihr diese drei Worte wie ein Pfeil geradezu in Kopf, Herz und Bauch. Sie war völlig durcheinander und verlor die Kontrolle über sich. Ein Gefühl, das sie überhaupt nicht kannte. Immer, wirklich immer, war sie äußerst kontrolliert und beherrscht. Nun plötzlich nicht mehr. Am liebsten wäre sie auf der Stelle mit ihm nach Hause gegangen und hätte eine Liebesnacht mit ihm verlebt, wie sie es noch nie im Leben getan hatte. Stattdessen verabredete sie sich, um zwei Tage später mit ihm Essen zu gehen, worauf er sofort das nobelste Speiselokal der Stadt vorschlug. Ihr war aber diese Art von Edelgastronomie seit einem Geschäftsessen mit einem Rechtsanwalt und einem Chefarzt unangenehm in Erinnerung und sie bat sich aus, mit der Wahl des Lokals noch etwas zu warten. In Wahrheit brauchte sie aber Bedenkzeit, um für sich selbst die Frage zu klären, ob sie sich mit diesem geheimnisvollen Mann wirklich näher einlassen solle. Er bemerkte ihre Irritation und fragte, ob ihr alles zu schnell ginge. Sie wich seinem Blick aus, der so festhaltend war und sie ängstigte. Beide einigten sich dann auf ein neues Wiedersehen zum Essen in einem Lokal ihrer Wahl. Ihr fiel nichts ein, außer dass sie drei Tage Distanz wünschte. Er machte kurzerhand zwei Tage daraus und bestimmte ein Wiedersehen für Donnerstag, den 28.10.1999. Man einigte sich dann, sich auf einen Aperitif in einem stadtbekannten Café zu treffen. Er wirkte gereizt, weil ein Wiedersehen so lange auf sich warten ließ. Zwei Tage, drei Nächte erschienen ihm, dem erfolgsverwöhnten Spitzenmanager entschieden zu viel. Er brachte sie noch zu ihrem Auto, das im nahen Theaterparkhaus abgestellt war, bewunderte die schwarze Nobelkarosse eines schwedischen Automobilkonzerns und ging von dannen.

Am 28.10.1999 trafen sie sich wieder in besagtem Café. Ihm gefiel es dort nicht. Kurzerhand beschloss er, in das mexikanische Restaurant nebenan zu wechseln. Sie folgte brav und ohne erkennbaren eigenen Willen!

Zwei Tage lagen zwischen dem ersten und dem zweiten Treffen. Es hätten genauso gut zwei Lichtjahre gewesen sein können. Was war passiert? Der Kellner wies uns einen Platz am Katzentisch der etwas berüchtigten Café-Bar zu. Seine bittersaure Miene zeigte, dass ihm das nicht gefiel. Sie hatte das Gefühl, dass er sie am liebsten die Treppe hinunterstürzen wollte, die zu den Toiletten im Untergeschoss führte. Kaum im von ihm gewünschten Restaurant angekommen, übernahm er die Führung! „Hierher auf meine linke Seite", herrschte der Kerl sie an. Sie fügte sich ohne eigenen erkennbaren Willen. Innerlich beschloss sie jedoch, dem Ganzen ein Ende zu bereiten. Nur wie schwer das sein sollte, war ihr noch nicht klar. In seinen Augen und seiner Stimme flammte eine erschreckende Unbarmherzigkeit auf und dass er sich aufs Herrschen im schlechtesten Sinne des Wortes verstand, wurde plötzlich erkennbar. Das Essen bestellte er. Sie konnte keinen Bissen herunterbekommen. Das Gespräch war, soweit überhaupt vorhanden, mühsam und gequält. In dieser Lokalität war sie jedoch von Kindestagen an heimisch. Vor einigen Jahren fand dort auch ein Familientreffen anlässlich der Beerdigung ihrer Oma mit den Tanten und sonstigen Verwandten dort in der Ecke gegenüber statt. Wie freundlich wir Frauen doch alle miteinander waren. Männer waren nicht erwünscht bei den Damenkaffeekränzchen. Und nun das hier! Die Art, wie er mit dem Inhaber und den Kellnerinnen umging, erinnerte sie an die Behandlungsweise, die nur Cheftypen mit ihren Angestellten zu pflegen gedachten. Seinen Worten nach war er sogar prominent. Er hatte auch alle Unarten dieser Spezies Mensch an sich. Diese Ungeduld und Bestimmtheit, die keinen Widerspruch duldet. Dann dieser ständig etwas gereizte Unterton, der Frauen fortwährend das Dumme-Gans-Image aufzudrücken sucht. Der nervöse Blick zur Uhr sollte ihr wohl zu verstehen geben, dass es wichtigere Dinge gab, als sich den Abend mit einem Weibsbild zu vertreiben. Und wenn sie etwas garantiert nicht wollte, dann war es das. Einen exponierten Mann an ihrer Seite zu haben, dem sie vielleicht nicht gerade die Pantoffeln abends bringen sollte, aber wenigstens die schlechte Laune nach vollendetem Tagewerk vertreiben helfen sollte. Jetzt war auch die ganze schöne Verliebtheit im Eimer und man trennte sich nach relativ kurzer lustlos und weitestgehend sprachlos verbrachter Zeit auf der Straße. Dieses Mal wollte er sie nicht zu ihrem Auto begleiten, das wieder im gleichen nahe gelegenen Parkhaus stand. Für sie war aber diese Geschichte noch lange nicht zu Ende, obwohl er deutliche Anzeichen für eine rasche Beendigung dieser Kurzlovestory zeigte. Sie umarmte ihn beim Abschied, küsste ihn auf die rechte Wange. Dabei nahm sie seinen alle ihre Sinne betörenden Geruch wahr, akzeptierte noch das von ihm begehrte Du und dann trennten sich Rassestute und Grauschimmel, ohne eine weitere Verabredung zu vereinbaren. Das Einzige, das sie ihm noch zusteckte, waren drei Texte, die sie in der Vergangenheit geschrieben hatte. Denn all ihre nicht untergebrachten Gefühle fanden in auf Papier geschriebenen Worten Ausdruck. Mit diesen meist lyrisch gehaltenen Worten hatte sie in der Vergangenheit noch jeden irgendwie beeindruckt und so versuchte sie das auch bei ihm. Die Auswahl war nicht beliebig getroffen, sondern auf seine vermutete Situation zugeschnitten. Er zeigte sich ihr als, wenn auch gescheiterter, politisch denkender Poet. Und wenn diese Wahrnehmung stimmen sollte, dann war er tatsächlich ihr Mann fürs Leben. Dermaßen bereichert entließ sie ihn, fest entschlossen, ihn irgendwann wiederzusehen.

Nach drei Wochen kam ein Anruf von ihm: „Beziehung nein, Kontakt ja!"

Sie war wütend. Was bildete sich dieser Kerl eigentlich ein. Mag er mit seinen Weibern, die ihm bis dahin begegnet sind, so umgehen, mit ihr nicht! Sie war schließlich selbst erfolgreich und hatte ein Konzept in der Hand, das sie bei richtiger Verwertung zur Millionärin machen könnte. Aber irgendwie interessierte sie das alles nicht mehr. Der Mann ging ihr nicht mehr aus dem Kopf und so beschloss sie, alles zu tun, um seinem Geheimnis auf die Schliche zu kommen. Sie wollte eine Beziehung zu ihm, dem rätselhaften Mann namens Michael. Das war einfacher gesagt als getan, denn dieser Endvierziger machte ihr die Sache alles andere als leicht. Also machte sie einen Plan und lud ihn ganz arglos zu sich nach Hause ein, um ein Geschäftsgespräch mit ihm zu führen. Er biss an. Am 01. Dezember 1999 stand er vor ihrer Tür mit wenig Material unter dem Arm, aber einer Menge Aufgeregtheit im Gemüt. Minuten bevor er zur Tür hereinkam, schrieb sie noch ein Gedicht vom **Frosch und dem Skorpion**, das sie aber rasch versteckte, damit er dies ja nicht zu lesen bekam.

Dann ging sie ganz scheinheilig zur Tür und bat ihn herein. Nur mühsam versuchte er, seine Fassungslosigkeit beim Anblick ihres Hauses zu verbergen. Da war ein Hund, wie bei ihm zu Hause, und eine Katze. Auch das weckte Erinnerungen an sein Zuhause, das wegen des frühen Todes der Eltern schon lange hinter ihm lag. Einzig ihre Kinder nahm er nicht richtig wahr. Er setzte sich zu ihr an den Küchentisch. Sie hatte dieses Mal die Chefposition und er war Berater zu ihrer rechten Seite. Das Geschäftsgespräch plätscherte routinemäßig an der Oberfläche, als sie ihm anbot, ihm das ganze Haus zu zeigen. Er erklärte sich einverstanden und sie ersparte ihm nicht den Blick in ihr Schlafgemach. Ein eigenartig triumphales Gefühl stieg in ihr auf, als sie seine nicht mehr zu beherrschende Erregung registrierte, und weil er gerade so schön schwach war, zeigte sie ihm das Weihnachtsgeschenk eines 26-jährigen Jungherausgebers einer Monatszeitschrift, die ihm reichlich Anlass zur Kritik gab. Der junge Mann war häufig zu Gast bei ihr und lebte seinen Ödipuskomplex an ihr aus, weshalb sie auch zur zweifelhaften Ehre gelangte, als Weihnachtsgeschenk ein in blauen Samt gebundenes erotisches Kochbuch zu erhalten. Michael las die Widmung und war mit ihr einer Meinung, dass der Junge genau das Gegenteil von dem wollte, was die handgeschriebene Widmung zum Ausdruck brachte. Erotik pur mit einer Frau, die seine Mutter hätte sein können, und natürlich hatte der Rechtsanwaltssohn damit einen „lukullischen Türken", wie er sich auszudrücken pflegte, gebaut.

Der knapp 50Jährige erbat sich, das Buch ausleihen zu dürfen. Sie gewährte ihm den Wunsch allerdings nur unter der Bedingung, dass er sie am 09. Dezember, ihrem 48. Geburtstag, erneut aufsuchen würde, um mit ihr eine Flasche französischen Rotwein zu trinken. Er ließ sich nicht lange bitten und willigte ein. Zum Abschied wollte er noch wissen, welches Geschenk er mitbringen solle. Sie sagte ihm, dass ihr am liebsten die neue CD von Nigel Kennedy als Geburtstagsgeschenk gelegen käme. Denn Musik liebe sie über alles und die Klänge der Violine hätten sie schon in frühester Jugend über manchen Schmerz hinweggetröstet. Und dann war sie wieder da, die sanfte Stimme. Seine traurig verstehenden Augen, die Weichheit seiner Bewegungen und die Sehnsucht in seinen Händen, die nach Berührung verlangten. Er ging nicht einfach weg, sondern er riss sich los. Den Schmerz, den er dabei empfand, war spürbar und sie bereute zutiefst, ihm eine Falle gestellt zu haben. Denn etwas anderes war es ja nicht als der Wunsch nach Rache und Genugtuung wegen seiner Verschmähung von vor vier Wochen.

Am nächsten Morgen war Routine angesagt. 6 Uhr aufstehen. Mit dem Hund kurz raus. Frühstück machen. Kinder wecken. Ja nicht eine Minute zu früh, sonst wird gemotzt und dann alle in den Volvo gepackt und zur Schule fahren. Nachts hatte sie aber ein Telefonklingeln ihres Geschäftsapparates wahrgenommen und sie war neugierig, ob er wohl, durch die Abendereignisse schlaflos geworden, angerufen hätte. Auf dem Anrufbeantworter war aber nichts zu hören. Sie schnappte sich ihr Handy, um unterwegs erreichbar zu sein, und wollte gerade losfahren, als auf dem Display eine Nachricht auf der Mailbox gemeldet wurde. Sie konnte sich nicht vorstellen, wer nachts auf ihrem Handy anrufen sollte. Schließlich war die Nummer nur für Notfälle angegeben und nicht offiziell bekannt. Die Abfrage war also ebenfalls reine Routinesache. Doch dann geschah etwas, das ihr Leben von einer Sekunde auf die andere schlagartig veränderte. Die wärmste und schönste Stimme der Welt hatte ein Gedicht mit dem Titel „Wieder verzaubert" auf das technische Gerät gesprochen, das ihre Sinne derart berauschte, dass sie kaum in der Lage war, den PS starken Volvo in der Spur zu halten. **„Fauler Zauber"** hieß einer ihrer drei an Michael übergebenen Texte. Er hatte daraus ein „Wieder verzaubert" gemacht und damit ihre Welt, die zwar alles andere als in Ordnung war, aber wenigstens bekannt chaotisch, völlig aus den Angeln gehoben.

Von diesem Tag an, es war der 2. Dezember 1999, war für sie überhaupt nichts mehr in Ordnung. Es begann eine lange und mit schmerzvollen Erfahrungen gespickte Reise in die Abgründe ihrer sehr verletzten Seele. Eine entsprechende Anleitung oder vielleicht auch als Reisebegleiter gedacht, servierte er ihr dann am Abend des 9. Dezember 1999 mit einem Buch als Geschenk, das den Titel „Umwege erhöhen die Ortskenntnisse" trug. Die handgeschriebene Widmung war jedoch aussagekräftiger, als die ganze Story, die von einem Mann handelte, der sich lieber der rauen Wirklichkeit überlassen wollte, als sich auf die Verwirklichung seines Lebenstraumes einzulassen.

Wir haben uns noch einmal, ein viertes Mal, gesehen, und zwar an meinem 48. Geburtstag. Es war ein quälender

Abend. Keine Spur von Romantik trotz Kerzenlicht und guter Musik. Auch Erotik stand nicht zur Debatte trotz entsprechend raffiniertem Outfit meinerseits. Ich bin vor ihm in die Knie gegangen. Um Gnade habe ich unaufgefordert gebettelt, denn er hatte das Heft in die Hand genommen und ich ahnte, was auf mich in der nahen Zukunft zukommen würde. Aber dieser Mann kannte keine Gnade. Er wollte alles oder nichts und nur darum drehte sich sein ganzes Denken in den darauf folgenden zwei Jahren.

Ich werde ihn wiedersehen, morgen am 26. Oktober 2001, um 16 Uhr. Ich werde am Brunnen zwischen dem mexikanischen Restaurant und der katholischen Kirche am St. Martinsplatz unter der alten Kastanie auf ihn warten. Ich ziehe meine Jeans an und meinen schwarzen Body mit dem schönen Ausschnitt. Außerdem trage ich meinen schwarzen Gürtel und mein Hals wird von einer Jugendstilkette mit einer Perle geschmückt sein. Damit ich nicht friere, werde ich meine Levis Jacke aus der Türkei dabeihaben und selbstverständlich trage ich die neubesohlten braunen Halbstiefelchen, die ich so gerne habe, weil die Absätze meinem Gang etwas Leichtes geben.

Er wird kommen und auch er trägt Jeans und einen hellgrauen Rollkragenpullover, darüber einen Trenchcoat nach guter alter englischer Sitte. Er wird mich angrinsen und mich fragen, ob ich schon lange warten würde, und ich werde ihm sagen: „Klar doch! Schließlich bist du ja um die ganze Welt gereist, um mich endlich nach so vielen Jahren Einsamkeit hier zu finden.

Wie Du siehst, bin ich nur ein bisschen älter geworden bin. Meine Augen tun es auch nicht mehr so wie früher. Nicht nur, dass ich jetzt eine Brille brauche, auch der Glanz ist weniger geworden. Denn ich musste viele Male weinen, weil Du Dich einfach nicht hast blicken lassen, und meine Haare sind dünner geworden. Auch Deine Wärme hat mir gefehlt. Nur meine Stimme ist schöner und weicher geworden, denn Du hast mich das rechte Singen gelehrt, das notwendig war, um Dich wieder herbeizurufen. Ich hingegen bin deswegen hier, weil Du mich beim Namen gerufen hast. Ich bin jetzt Dein."

Dann werden wir Arm in Arm die Straße hinaufschlendern und darüber beraten, wo wir zum Essen hingehen sollen. Ich werde vorschlagen, nach Heidelberg zu fahren, denn dort kenne ich einen kleinen Italiener direkt gegenüber der Heilig Geist Kirche. Der macht die beste Pasta, die ich je gegessen habe. Du wirst einverstanden sein und während wir uns in Deinem oder meinem Auto auf der A6 dem Freitagsverkehr ausliefern, erzählen wir davon, was wir in den vergangenen zwei Jahren so getrieben haben. Wenn wir dann angekommen sind und das zweite Glas Wein uns die Zunge noch ein bisschen mehr löst, wirst Du mich fragen, ob ich den Rest Deines Lebens mit Dir teilen möchte. Ich werde ganz erstaunt zu Dir aufblicken und Dich fragen, ob das etwa ein Heiratsantrag war. Dann wirst Du sagen, dass man das so auffassen könnte. Ich werde Dir dann die Pistole auf die Brust setzen und Dich fragen, wie Du zu der Auffassung gelangst, dass ich die Katze im Sack kaufen könnte. Diese Frage wird Dich sehr verlegen machen.

Aber das macht nichts. Denn unsicher bist Du mir am liebsten. Um Dir die Beantwortung meiner frivolen Frage zu ersparen, werde ich dann den Vorschlag machen, nach dem Essen in irgendeine Disco zu gehen, und dort können wir tanzen, bis wir vor Erschöpfung umfallen. Ja! Genauso wird es kommen! Morgen, am Freitag, den 26.10.2001. Sollte ich mich irren, dann wird dies alles ein Traum bleiben und als Wirklichkeit in allen möglichen und unmöglichen Briefkästen seinen Abgang finden.

Breitenau, 25. Oktober 2001

Impressionen, Silvester 2001

Wieners. Silvester 2001 vormittags. 11 Uhr. Eine Menge Leute sitzen herum. Fast alle brunchen. Wir nannten das mal frühstücken, aber das ist antiquiert. Heute brunchen die Leute. Der Unterschied zwischen einem Frühstück und einem Brunch ist der, dass bei einem deutschen Frühstück bei Muttern zu Hause Kaffee gekocht wird. Brot und Butter, Marmelade oder Honig werden dazu gereicht. Für Vater gibt es vielleicht noch einen Schinken und Käse, bevor er zur Arbeit muss. Sonntags wird ein Ei gekocht und Kuchen gebacken, meist Hefezopf. Alle frühstücken mit. Oma, Opa, Vater und Mutter und natürlich auch die Kinder.

Beim Brunch ist das ganz anders. Man sitzt in der Kneipe, in der Stunden vorher noch gesoffen und gehurt wurde. Alles riecht nach Alkohol und Zigaretten. Im Hintergrund dudelt irgendein Musikallerlei. Junge Kellnerinnen bringen neben einem aufgeschäumten Kaffee Orangensaft, Prosecco oder sonstige alkoholische Getränke, im Winter auch gerne einmal einen Glühwein, an die kleinen Tische, wo fast ausschließlich Pärchen sitzen, selten mal eine Kleinfamilie, Singles hingegen sind öfter anzutreffen. Dann folgen die dick überladenen Bruchteller, belegt mit zwei Scheiben Plastikkäse, eine Scheibe Gummischinken, reichlich Firlefanz wie Salatblätter, Petersilie, Orangenscheiben, Tomatenstückchen. Das Auge soll essen, nicht der Mund, und der Doofe soll zahlen, bis die Schwarte kracht. Denn ein solch inhaltlich mager ausstaffierter Brunch kostet zwischen 25 und 40 DM! wohl gemerkt pro Brunch mal zwei, da sind wir schnell beim gleichen Betrag aber in Euro, der ja in wenigen Stunden einziges Zahlungsmittel sein wird auch in dieser Spelunke.

Warum ich hier sitze? Ich muss! Kein Strom. Kein Kaffee. Es ist saukalt bei mir zu Hause und niemand ist da, um mit mir freudig erregt das Jahr 2002 zu begrüßen! Ich mach mir trotzdem Frühstück für mich alleine. Es dauert halt nur ungefähr drei Stunden, bis das fertig ist, und an einem Werktag wie heute ist das halt zu lang. Ich hab in der Stadt einiges zu erledigen und die Pausen zwischendurch nutze ich, um mich aufzuwärmen bei einer großen Tasse Milchkaffee für den stolzen Preis von 6,20 DM. Dafür bekomme ich ein Paket Briketts. Das reicht dann für zwei Tage. Heute ist es wahrscheinlich auch das letzte Mal, dass ich mir solch einen Schwachsinn antue und wenn ich dann noch meinen ehemaligen ärztlichen Lehrer hier hereinstolzieren sehe mit einer gegerbten Blondschnalle, dann steht mein Entschluss sowieso fest: Ab 1.1.2002 wird alles anders. Entweder holt mich Maikel heute Abend um 19 Uhr ab und wir tanzen ins neue Jahr oder ich bleibe zu Hause, zünde Kerzen an, öffne meinen Deinhard-Sekt und warte, was das neue Jahr bringt.

… und dann verirrt sich doch tatsächlich so ein alter Pfälzer an meinen Tisch und will „esse gehe un e halwer Diabetiker Woi trinke." Na dann: „Prost Neujahr!"

31. Dezember 2001
Eva-Maria Schütz

Jahreswechsel 2001/2002 - Stromsperre

Was war das? Stromsperre zwischen dem 28.12.2001 und dem 4.1.2002. Stille. In der Stille höre ich, was wirklich ist. Zunächst nichts. Dann die Sucht zu schreiben, zu hören.

Verflucht! Klatschnass geschwitzt wache ich am Morgen des **30.12.2001** auf. Vollmond. Meine Gefühle sind nicht mehr bei mir. Alles ist weg. Ich sortiere. Was ist wichtig, was unwichtig? Chaos! Überall Blätter! Handschrift. Eiseskälte! Hektik. Ich nerve die Leute zwischen den Feiertagen persönlich. Sybille kommt. Sie hilft mir. Wir reden miteinander im Kerzenlicht. Stille. Meine Ohren gewöhnen sich dran.

Ich gehe raus Schnee wegschippen. Ein Mann namens Volker wird zur Ansprechstation in der Kneipe gegenüber. Da würde ich sonst nie rein gehen, aber ich brauch einen Kaffee. Ich bin hörsüchtig! Ich breche zusammen. Ein warmes Essen. Ich sehe Engel im Traum am wolkenverhangenen Himmel. Ich schlage um mich. Ich bin ein Musik- und Poesiejunkie. Furchtbar! Es ist eiskalt. Ich kaufe Sekt, will mit Volker nachts das neue Jahr anfangen, bin aber mit Maikel verabredet. Mit keinem von beiden beginne ich das neue Jahr. Ich flüchte mit meinem sommerbereiften Auto Richtung Stadt. Ich will amerikanische Musik hören, tanzen, an Papa denken, alle Michaels der Welt vergessen. Dennis, wo bist Du? Immer noch krank? Hast Du mich so schnell abgeliebt? Ich brauche Dich, Deine amerikanische Schuld an allen Kriegen dieser Welt seit meiner Geburt. Ich will mich mit den Verbrechern versöhnen. Nachts treffe ich im Cottonclub im Kulturzentrum Kammgarn auf eine gestellte Szene. Alles ist unwahr. Das einzig Wahre ist mein Gefühl.

Papa was a Rollin' Stone! James Brown, Sex Maschine. Ich brauche Dich. Ich brauche jetzt Sex mit Dir! Meinetwegen ganz und gar dirty. Hauptsache, Du bist bei mir und dringst in mich. Besame mich! Ich brauche Dich! Küss mich! Öffne mich und lass mich nie wieder gehen! Aber Du bist nicht da. Ich brauche Dich! Hilfe, help! Ich fahre nach Hause. Bin nicht betrunken. Es ist zwei Uhr. Das neue Jahr ist zwei Stunden alt und wir? Hunderttausend Jahre. Weitere Heizkörper werden durch das Eis gesprengt. Die Sektflasche ist geplatzt. Nichts mitgekriegt. Es kracht laufend hier.

Dann: 2. Januar 2002. Du stehst da an der Dresdner Bank am Automaten und holst Geld. Was für Geld eigentlich? Deutsche Mark? Euro oder Dollar? Egal. Dennis sieht verheerend aus. Er hat mindestens weitere 5 Kilo abgenommen. Der Kragen ist unsortiert. Die Gesichtsfarbe rot, fiebrig. Es geht Dir schlecht. Operiert wirst du. Hast Du meine Silvesterpost bekommen?, denke ich. „Ich lad Dich zu einer Tasse Kaffee ein." „Nein! Ich will nicht. Muss Telefonrechnung bezahlen. Tschüs."

Ich richte Dir den Kragen und eine Welle von Liebe überschwemmt mich. Ich werde Dich besuchen in Ramstein im Krankenhaus, denke ich. Dann schreibe ich Dir einen Brief, aber erst am nächsten Morgen. Ich will bei Dir bleiben. Sterben würde ich für Dich, schreibe ich Dir. Nein, mit Dir würde ich sterben. Abends kommt Sybille. Ich rede wieder mit ihr, lange. Langsam werde ich normal. Ich kann wieder reden, und zwar ehrlich und ohne gleich aus den Latschen zu kippen, wenn irgendwas schiefläuft. Die Stille tut mir gut. Abends geh ich ins Bett und dann frage ich in den Raum hinein: „Dennis, wie geht es Dir? Schlaf schön, mein Liebster. Ich denk an dich. Eva." Und dann sag ich das auch zu meinem Papa und zu meinem Sohn Florian und ich spreche mit Lisa und Marlene und mit Sybille und auch mit meinem Enkel Nico. Allen sage ich, dass ich sie liebe. Aber der Erste bist Du und dann kommen die anderen.

Ich schlafe gut. Es ist sehr kalt. Alles gefroren morgens um 8 Uhr. Aber ich stehe auf und dann geh ich in die Stadt, erfahre, dass ich meinen Vater nicht mehr besuchen darf, weil er unter meinen Besuchen leidet. Meine Mutter hat beim Betreuungsgericht ein Besuchsverbot erwirkt. Ich setze mich darüber weg. Anschließend gehe ich in die Stadt, schaue hoch bei der Fackelstraße 16. Niemand zu sehen. Keine Sehnsucht. Nur Gedanken an Dich.

Ich gehe weiter in die Burgstraße zu meinem Stromversorger. Dort spreche ich mit dem Mann, der mir den Strom abgestellt hat. Er will wissen, was der Grund ist, warum ich so tief gefallen bin. Ich sage ihm, dass ich dem Heiligen Josef auf die Füße getreten bin. Ich habe ein Angebot von ihm erhalten, das ich abgelehnt habe. Das war der Immobilienhai nicht gewohnt. Angewidert hat er mir vorgehalten, wohl einen Vertrag mit dem lieben Gott zu haben, und mit solchen Leuten könne man halt keinen irdischen Vertrag machen. Dabei hatte ich lediglich darauf hingewiesen, anstelle von Schweigegeld zu kassieren, mich lieber weiter in den Dienst derer zu stellen, die meine Hilfe brauchen und auch danach fragen. Ungefragt helfe ich niemandem. Das wäre höchst aufdringlich und distanzlos! Zeuge dieses Disputs zwischen einem Teufel und einer Krankenschwester war ein Rechtsanwalt aus Kaiserslautern. Er wohnte direkt neben dem als rücksichtslos verrufenen Investor und er hatte eine Heidenangst vor ihm. Unmittelbar nach diesem denkwürdigen Auftritt im Juni 2000 legte er sämtliche Mandate, die ich ihm übertragen hatte, nieder. Ich war nun ohne Rechtsschutz und der Willkür einer Investor freundlichen Justiz ausgeliefert. Außerdem habe ich dem 1923 geborenen Josef S. das Gedicht **Für Josef von Maria** gewidmet. Dem Mann von der Technischen Werken Kaiserslautern war sofort alles klar. Nun wisse er Bescheid. Anerkennend klopft er mir auf die Schulter, weil ich mich nicht habe kaufen lassen! Es entsteht Solidarität. Er hilft mir. Der Strom wird wieder angestellt. Und nun schreibe ich an Dich, weil Du mein Honey bist, mein Darling, mein Babe, mein alles. Die andern sind auch noch da, aber sie interessieren mich nicht. Ich singe nur für Dich.

Eva

Für Josef von Maria

*Jetzt weinst Du Josef,
bist verzweifelt hingeworfen in ein Meer
voll unerfüllter Liebeswünsche.
Dabei wäre das gar nicht notwendig gewesen.*

*In Deinem Leben gab es etwas,
das Du nicht kaufen konntest.
Liebe und Besitz,
das passt nicht.
Nur wer keinerlei Besitzansprüche anmeldet,
ist fähig zur großen Liebe,
und dann erkennt der Mensch auch,
dass er alles hat, was er braucht.*

*Die Liebe trägt uns durch das Leben,
wie wenn wir Engel wären.
Alles ist so leicht,
nur das Herz ist manchmal schwer,
besonders
wenn der geliebte Mensch nicht in der Nähe ist.*

*Nein, nicht ich habe Sehnsucht nach dem Tod,
jedenfalls nicht mehr,
aber Du alter Mann,
der das Leben im Anblick meines Gesichtes
sinnlos an sich vorübergehen sah.*

*Du musstest einsehen,
dass Deine Vergangenheit
Deine Zukunft
um Längen überholt hat.*

*Die wenige Zeit, die Dir noch bleibt,
bedeutet aber für Dich die Hölle auf Erden,
denn Du musst machtlos zuschauen,
dass sich zwei Menschen lieben können,
ohne dass der eine von dem anderen Besitz ergreift.*

*Du kannst Dich aber selbst befreien,
indem Du uns gehen lässt
und uns als Begleitung auf unserem Weg
Deine besten Wünsche mit gibst.*

*Unabhängig davon wünsche ich, Maria,
Dir, Josef, alles Gute
auf Deinem Weg
in Deine neue Wirklichkeit*

*Für Josef S. *1923*

03. Januar 2002

Hi Dennis,

kennst Du das Lied von Enrique Iglesias „Let me be your hero"? Als ich diese Schnulze zum ersten Mal im Radiosender SWR 3 hörte, zerbrach mein zu Stein gewordenes Herz. Ich bekam einen Weinkrampf. Damals hatte ich noch meine Hündin Leica. Die war ganz verzweifelt und sie legte sich mit allen vieren auf mich, um mich zu trösten. Ich habe dieses Lied dann noch oft gehört und dabei immer an Michael gedacht, weil ich Dich ja noch nicht kannte. In jeder Zeile eine Frage und ich habe laut „Ja!" gesagt. Nur auf die Frage „willst Du sterben für den Einzigen, den Du liebst?" habe ich „Nein!" geschrien. „Ich sterbe nicht für Dich, Michael."

Jetzt kann ich kein Radio mehr hören. Mir wurde der Strom abgestellt. Diesen Brief schreibe ich bei Kerzenlicht. Aber ich höre das Lied und ich sehe Dein Gesicht und ich will Dir sagen, dass Du mein Hero bist, für den ich auch sterben will. Hab keine Angst vor der Operation am 07. Januar 2002. Ich bin bei Dir und wenn Du stirbst, sterbe ich auch. Ich höre einfach auf zu atmen, dann können wir als Engel im Himmel zusammen sein. Das hat viele Vorteile. Engel haben keine Nationalität und sie sind auch nicht 62 und 50, sind weder rothaarig noch blond, ja noch nicht einmal Mann und Frau. Engel sind Engel und wir beide gehören zusammen, wenn schon nicht auf der Erde als Menschen, dann wenigstens im Himmel. Als immer noch lebender Mensch sage ich Dir zum Abschied noch was Dummes: „I love you."

Es ist eine Lüge, zu behaupten, ich hätte mich jemals ganz und gar hingegeben. Die Wahrheit ist, dass ich stets reserviert war, nicht aus schlechter Erfahrung, sondern einfach aus Vorsicht. Enttäuscht ist man schnell. Ich war es auch, als ich ein paar Mal versucht habe, mich hinzugeben. Vielleicht hätte ich es einmal versuchen sollen, z. B. bei Michael. Der ist auch reserviert, aber aus anderen Gründen. Mir lag aber seine vordergründig intellektuelle Art nicht. Ich liebe es nun mal ein bisschen derb und nicht so feinsinnig. Auch das ist eine Wahrheit, die nie Wahrheit sein durfte, weil Mutter und Vater etwas anderes von mir erwarteten. Das einzig wirklich Schreckliche an mir ist dieser unterwürfige Gehorsam gegenüber meinen Eltern. Jeder konnte mit mir machen, was er wollte, wenn es in das Erziehungsmuster meiner Eltern passte. Ich kann mich nur sehr schwer befreien aus der Umklammerung der Autoritäten, die ich einfach nicht aus dem Kopf kriege. Dazu gehört halt auch ein ordentlicher Amerikahass. Dabei liebe ich diese Leute, weil sie so locker sind und unkompliziert. Wenn dann noch eine Portion Pionierblut drinsteckt in so einem Ami, dann bin ich hin und weg, wie bei Dennis. Hoffentlich sehe ich ihn wieder. Hoffentlich kann ich noch mal so locker sein wie beim ersten Mal.

Aller Anfang ist schwer. Meiner kommt mir besonders schwer vor, denn einerseits traue ich mich alles, andererseits traue ich mir nichts zu. Seit heute geht das B nicht mehr auf meinem Computer. Vielleicht soll ich ja nur A sagen, aber nicht B. Mir ist warm. Satt bin ich auch. Wasser zum Trinken hab ich mir gekauft. Den Rest zum Waschen und Putzen schmelze ich aus Schnee. Aber Denny fehlt mir schrecklich und an meinen Vater darf ich nicht denken, weil ich nicht das geringste schlechte Gewissen habe, ihn jetzt auf seinem letzten Weg alleine zu lassen. Wenn mir das jemand vor drei Tagen noch gesagt hätte, ich hätte ihn gesteinigt. Mir fehlt überhaupt niemand, nur dieser gottverdammte Ami. Wenn mir das jemand vor drei Monaten gesagt hätte, ich hätte ihn ausgelacht, verhöhnt, verspottet. Niemals! Ich und ein Ami! Im Leben nicht. Dazu noch Marlboro-Raucher, der New Yorker mit schottisch-irischen Wurzeln. Unsinn! Ich doch nicht! Und jetzt beiß ich mir vor Wut in den Hintern, weil ich einfach so ab bin. Aber schließlich hab ich auch meinen Stolz und will nicht so bettelarm vor einem noch ärmeren Mann dastehen. Die Freiheit lockt und dafür braucht man Geld, das ich eher locker machen kann als er, der pflichtbewusste Familienvater. Wenn ich doch nur mal so einen gehabt hätte. Meiner hat die ganze Kohle immer nur für sich verbraucht und wenn es nicht gereicht hat, dann hat er mich noch beklaut. Ich war schon arm dran als junges Menschlein. Besser wäre gewesen, ohne Eltern aufzuwachsen als mit solchen, die mich nur ausgenutzt haben. Das Jammern hilft nicht. Kapiert eh keiner, wie man so blöd sein kann wie ich. Ich höre aber durch die Stille hindurch meinen **Stummen Schrei** und **Mein Freund, der Tod** ist auch nicht mehr weit.

Stummer Schrei

Tritt mir nicht zu nahe,
doch sei mir nah.
Ich will nicht berührt werden,
sondern berührt sein,
will bei mir sein
und doch nicht alleine.

„Mutter: Nimm mich auf deinen Schoss,
doch fass mich nicht an,
ich sehne mich nach der Geborgenheit
deines Bettes
und muss in meiner traurigen Kälte bleiben."

„Vater: Lass mich zu Dir,
Dein großer warmer Rücken
ist die Wand, die mir Vertrauen einflößt,
und Deine abgewandten Arme
verschlingen mich nicht."

Hört ihr meinen stummen Schrei?

„Lasst mich in Ruh,
aber nicht allein."

Türkei 1997

Mein Freund, der Tod

Ein einziger Freund
bleibt jedem Menschen,
und das ist der TOD.

Er erlöst den von Schmerzen Gepeinigten.
Er holt den am Leben Gescheiterten.
Er reicht dem Verzweifelten die Hand.
Er sucht die Schwachen und bringt sie heim.
Er führt die Zurückgelassenen zu ihren Liebsten.
Er gibt den Schlaflosen ewige Ruhe.

Nur eines, Mensch, sei dir gewiss,
ohne Liebe zum Leben
wirst du niemals
Schmerz erleiden,
Scheitern erleben,
Verzweiflung spüren,
Schwäche erkennen lassen,
einsam nach deinem Liebsten rufen,
schlaflos die Nächte durchwachen.

*Doch wo die Liebe im Herzen
ihre Flammen entfacht,
ist für den Tod kein Platz.
Aber wenn dieses Feuer erloschen ist,
begegnet uns jenseits des Lebens
der TOD als Feind!*

Breitenau, 16. Januar 2000

05. Januar 2002

Die neun Wochen sind bald vorbei. Was bleibt? Erinnerung? Hoffnung?

An was sich erinnern? An ein Elternhaus, das an Kälte und Gleichgültigkeit nicht zu überbieten war. Auf was hoffen? Auf eine Welt, die an Grausamkeit nicht mehr zu überbieten ist? Ich bin auch grausam, indem ich meinem Vater, der im Altersheim seine letzten Jahre verbracht hat, reinen Wein eingeschenkt habe über seine holde Ehegattin und deren Schwiegersohn, dem Herrn Rechtsanwalt. Und nun stirbt er mit dieser Wahrheit und ohne mich!? „Wenn ich das gewusst hätte, dass meine eigene Frau mich unter Betreuung stellen lässt, damit sie ungehindert über meine Rente und meinen Wohnsitz schalten und walten kann, dann hätte ich aber Ärger gemacht. Nun ist es zu spät. 6 Jahre Pflegeheim fordern ihren Tribut. Ruhiggestellt und von allen angelogen bin ich nicht mal mehr im Stande, alleine zur Toilette zu gehen. Aber der Kopf funktioniert. Was für ein Drama!" Erschütternde Worte eines Kriegsveteranen, der einer ledigen Mutter aus der Verlegenheit geholfen hat, indem er sie 1951 heiratete. Anlässlich der Goldenen Hochzeit meiner Eltern habe ich meinen Vater am 04.08.2001 zum ersten Mal nach langer erzwungener Pause im St. Hedwigheim besucht. Er war alleine. Alle Dinge wie Fernsehen, Bilder und Erinnerungsfotos seiner Enkel hat meine Mutter entfernt und somit ihren Ehemann vollends isoliert. Mir wurde Besuchsverbot erteilt, weil ich es gewagt hatte, 2 Jahre, nachdem er von meiner Mutter ins Pflegeheim geschafft worden war, ihm anzubieten, bei mir in einer eigens für meine Eltern hergerichteten barrierefreien Wohnung einzuziehen.

Daraus wurde nichts. Den Grund hierfür habe ich nie erfahren. Überhaupt hat niemand mit mir über seine wahren Absichten jemals geredet. Es kamen einfach keine Antworten auf meine Fragen. Das ist meine Wahrheit! Sterbe ich an dieser Wahrheit? Ich weiß es nicht. Wahrscheinlich sterbe ich vor Kälte im wahrsten Sinne des Wortes. Kalt, Hunger, kein Wasser. Strom. Na gut. Den kann ich nutzen, um schneller ins Jenseits zu kommen. Liebe, Zärtlichkeit, Sicherheit. Nichts von dem. Hab ich wirklich alles verloren? Und wenn ja, wer ist dann der Gewinner?

06. Januar 2002

Und heute ist es so weit. Die neun Wochen seit dem 04. November 2001 sind um.

6. Januar. Ein besonderer Tag, nicht nur weil die Heiligen Drei Könige vor mehr als zweitausend Jahren dem lieben Jesuskind ihre Aufwartung gemacht haben, sondern weil ich an diesem Tag im Jahr 1952 auf den Namen Eva-Maria getauft wurde. Mein Name ist so schön. Ich hab ihn meinem Vater zu verdanken. Er wollte das so, weil er mich als Erster im Arm gehabt hat, gleich nach meiner Geburt. Ich soll ganz blau-rot gewesen sein, weil meine Mutter sich weigerte dem natürlichen Geburtsvorgang ihren Gang gehen zu lassen. Dann hat man mich halt mittels eines Kaiserschnittes am Sonntag, den 09. Dezember 1951 gegen 21:05 Uhr auf die Welt geholt. Was hat er sich wohl dabei gedacht? Eva-Maria. Ein ungewöhnlicher Name für diese Zeit. Ich habe ihn gestern gefragt, ob er mich noch erkennt. „Ja", hat er gesagt und dabei in eine andere Richtung geschaut. „Du bist die Eva-Maria Schütz." Er hat nicht gesagt, Du bist meine Tochter, sondern „Du bist die Eva-Maria Schütz". Abschiedsworte von einem Mann, dessen ganze Liebe mir zuteilwurde und den ich im Gegenzug ebenfalls mit Haut und Haar geliebt habe. Er muss gehen, um mich frei zu machen. Das ist eine Wahrheit, die sehr schmerzhaft ist, aber unausweichlich.

Nachruf auf einen Lebenden

*Du hast Dein Leben in die Hände
eines anderen Menschen gelegt.
Eine Sünde, die Du hast teuer bezahlen müssen.*

*Ich habe versucht, Dich daraus zu befreien.
Eine Selbstüberschätzung, die mich fast all meine Kraft
gekostet hat.*

*Einen traurigen Dank an meinen Vater,
der mir durch seine Selbstaufgabe
ein neues freies Leben ermöglicht hat.*

Izmir, 16. Juli 1997

Seinen **Nachruf auf einen Lebenden** habe ich schon vor fünf Jahren in der Türkei verfasst, als ob ich so ein schrecklich einsames Ende für uns beide geahnt hätte. Ich habe dabei an einem Ort vor mich hingedacht, wo mein Vater, der die Berge über alles geliebt hat, noch gerne einmal ein letztes Mal verweilt hätte. Ein Foto habe ich ihm mitgebracht und es eingerahmt in sein karges Altersheimzimmer gehängt. Aber meine Mutter hat dieses Bild entfernt, wohl aus Eifersucht, weil mein Vater mich immer lieber mochte als sie, die immer nur forderte und verlangte, ohne selbst ihren Beitrag für eine funktionierende Ehe zu leisten. Egal was diese Frau aber unternommen hatte, zwischen Wilhelm Josef Schütz und Eva-Maria Schütz gab es einen Geheimbund mit dem Namen **Stille Liebe.**

Stille Liebe

Und als ich Dich so sah,
mit klarem Blick
und reinem Herzen,
da wollte ich so sein
wie Du,
so hingerichtet von den Hütern
des Kapitals,
so niedergeschmettert von Menschen,
die sich einst Partner nannten,
so verwundet wie nur ein Leben
mit großer Fülle sein kann.

Alles Falsche habe ich weggeworfen,
bis ich war, was Du geworden bist,
nicht Opfer,
nicht Täter,
sondern Mensch.

Wir sind nun
ein Herz und eine Seele
und nichts und niemand
wird uns je trennen können.

Oktober 2001

Papa, you were my rolling stone, but how long you live, my heart is alone.

Mein Papa. Er hat immer zwischen mir und den Männern gestanden.

08. Januar 2002

Mein liebster Liebling,

wie hast Du den 07. Januar 2002 verbracht? War es schlimm, als man Dir Hirn und Ohren durchgepustet hat? Ich hoffe, dass es sehr schlimm war, und dann hoffe ich, dass Du an mich gedacht hast, als Du zum ersten Mal wieder deutlich hören konntest, und ich hoffe, dass ich Dir jetzt, wo der ganze Dreck aus Deinem Kopf draußen ist, nie mehr aus dem selbigen gehe. Ich habe mich darin jetzt eingenistet. Schon gemerkt? Ich will Dir auch sagen, warum das so ist. In einem anderen Teil dieses Buches habe ich geschrieben, dass ich meinen Vater nicht mehr besuchen darf. Das habe ich am Freitag erfahren, bevor ich Dich in der Stadt getroffen habe. Geglaubt habe ich solch eine Grausamkeit aber erst gestern, am 07. Januar 2002. Da hat mich diese Wahrheit zerrissen. Zu dieser schrecklichen Wahrheit kommt noch hinzu, dass mein Vater das irgendwie schon in Ordnung findet. Das hat er mir zumindest persönlich am Samstag bei meinem letzten Besuch im Pflegeheim so gesagt. Auf meine Frage, warum er glaubt, dass ich ihn nicht mehr besuchen dürfe, hat er mit abgewendetem Blick zu mir gesagt: **„Es wird schon seinen Grund haben."**

Ich war fassungslos. Was für einen Grund? Ich habe ihn immer sehr anständig behandelt, habe ihn besucht, obwohl er mich immer wieder rausgeschmissen hat, weil er irgendwie glaubte, ich sei an seinem beschissenen Schicksal schuld. Ich habe ihm zugehört, ihn liebkost, seine Wünsche respektiert. War das alles falsch? Ich will Dir sagen, was für einen Grund auch mein Vater hatte, mich nicht mehr sehen zu wollen. Arm und einsam war ich ihm genauso wenig wert wie allen anderen auch. Für meine Umwelt und lieben Mitmenschen scheine ich tot zu sein. Das Dumme ist, es gibt keinen Totenschein! Tot bin ich dennoch, und zwar aus folgendem Grund:

Todesursache

*Als sie gebrechlich war,
hat sie niemand umsorgt.*

*Als sie arm wurde,
war sie nichts mehr wert.*

*Als sie einsam war,
hat sich niemand mit ihr vereint.*

Mein Sohn meint, der Grund ist, dass er alleine sterben will, ohne dass ich ihm dabei zuschaue. Vielleicht ist das auch ein weiterer Grund. Könnte ich sogar irgendwie verstehen. Trotzdem. So ein Abschied auf immer ist fürchterlich und dann noch in der Gewissheit, mein Vater, den ich über alles geliebt habe, wird nicht mehr erleben, wenn ich irgendwann einmal richtig anfange zu leben. Er hat mein richtiges Leben verhindert. Ich durfte schon nicht den Beruf erlernen, den ich gerne gewollt hätte. Dabei gehört es in Deutschland zu den Grundrechten eines jeden Menschen, sich seinen Beruf frei auszusuchen. So steht es geschrieben in Artikel 12 Grundgesetz.

Das ist auch so eine Geschichte, die wir Deutsche letzten Endes euch Amerikanern zu verdanken haben, denn ohne euren Eingriff in den Zweiten Weltkrieg hätten Hitler und Goebbels niemals freiwillig aufgegeben. Weder die Franzosen noch die Russen, selbst die als äußerst hart bekannten Engländer haben uns Deutsche in die Knie zwingen können. Es war die amerikanische Art, diesen schrecklichen Krieg zu beenden, die uns Deutsche befreit hat. Mit Waffen kann man nämlich keinen Frieden schaffen. Aber mit Schokolade kann man Kinder überzeugen, mit Seidenstrümpfen Frauen und mit Zigaretten und Whisky ist jeder Mann zu beruhigen. Es war aber ein falscher Friede, der uns betrunken gemacht hat und von dem wir geglaubt haben, wir hätten ihn selbst erworben. In Wirklichkeit ging aber der Krieg weiter. Unsere Feinde hießen jetzt aber nicht mehr Russland, Polen, Frankreich oder Griechenland, sondern wir wurden uns allesamt selbst zum Feind. Unsere Väter haben sich geschämt für den verloren gegangenen Krieg und die Überlebenden haben gesehen, was sie letzten Endes uns Frauen und den Kindern angetan haben.

Weißt Du, mein Vater hat mir bei meinem vorletzten Besuch berichtet, dass er mit dem Leben abgeschlossen hatte, als er das Ausmaß an Zerstörung in seiner Heimatstadt Kaiserslautern gesehen hat. Das war 1950. Ich war noch nicht geboren, aber mein Vater war schon tot. Sein Herz war zerbrochen und ohne Herz schafft der Mensch gar nichts. Gut, der Körper funktioniert, das Herz schlägt, aber es ist keine Seele mehr da. Hierzu habe ich auch ein Gedicht verfasst, nur einen Tag nach dem als hervorragend gelobten Gedicht mit dem Titel **Ich für Dich**. Es heißt **Seelenverwesen.** Niemand kann dieses Gedicht leiden. Ich auch nicht. Es ist so negativ, aber trotzdem wahr.

Ich für Dich

Es ist nicht das Alter,
das ich fürchte,
sondern die Gebrechlichkeit.

Es ist nicht die Armut,
die ich fürchte,
sondern die Wertlosigkeit.

Es ist nicht das Alleinsein,
das ich fürchte,
sondern die Einsamkeit.

Wenn ich gebrechlich bin,
dann brauche ich Dich,
damit Du mich umsorgst.

Wenn ich mich wertlos fühle,
dann brauche ich Dich,
auf dass Du mich schätzest.

Wenn ich einsam bin,
dann brauche ich Dich,
um mich mit Dir zu vereinen.

14. Dezember 1999

Seelenverwesen

*Die Seele Deutschlands leidet, denn
der Kopf ist blöde geworden
durch die Besessenheit nach Macht, und
der Bauch ist krank geworden
durch die Gier nach Lust.*

*Das Herz Deutschlands lebt nicht mehr
und dennoch funktioniert die Pumpe,
angetrieben von der Maschinerie **Gesundheitswesen**,
die – hervorragend geschmiert – ausgezeichnet läuft.*

*Wenn die **Seele** durch ein **Wesen** ersetzt wird,
findet die Erlösung nicht in der Ewigkeit statt,
sondern im Siechtum.*

*Die Seele Deutschlands leidet;
überall der Geruch von verwesenden Herzen.*

15. Dezember 1999

Mein armer Vater war mit noch nicht einmal 30 Lebensjahren schon tot und dann eine Tochter, die ihn ständig mahnt, endlich zu zeigen, was in ihm steckt. Ich muss ihn fürchterlich gequält haben. Schließlich hat er durch mich erlebt, wozu er als Mann, wenn er nur gewollt hätte, in der Lage wäre. Aber er wollte nicht und das hat ihm besonders meine Mutter sehr übel genommen. Irgendwie verstehe ich da auch meine Mutter. Trotzdem. Sie hat einfach dann von mir verlangt, wozu ihr Mann nicht bereit war. Und so schlitterte ich in ein von meinen Eltern bestimmtes Leben, das nie mein eigenes war. Wie gesagt. Ich war immer gehorsam und bin es heute noch, sonst wäre ich an diesem blöden Freitag, wo du mich nach Hause geschickt hast, einfach da geblieben. Du wolltest nämlich gar nicht, dass ich gehe. Du wolltest nur keine Veränderung in Deinem Leben, weil Dir das zu viel Mühe macht. Aber ohne Veränderung, was in Deinem Fall bedeutet, auch einmal zur Ruhe zu kommen, wirst Du nicht besonders alt werden. Deine fieberhafte Erkältung ist ein deutliches Warnzeichen, kürzerzutreten und nicht ständig deinem Arbeitgeber der Armee zu helfen, die Kohlen aus dem Feuer zu holen.

Der 7. Januar 2002 war jedenfalls der reinste Horror für mich. Seit Samstagfrüh habe ich kein Wasser mehr hier in meinem Haus am Ende einer inzwischen schneebedeckten Au. Alles ist eingefroren bei diesen Temperaturen, die wir seit 30 Jahren nicht hatten. Weißt Du, was ich glaube? Irgend so ein blöder Amisatellit beschert uns dieses Sauwetter, weil der Angriff auf Euer Welthandelszentrum von deutschem Boden aus geplant wurde. Na ja, das ist ja noch die geringstmögliche Rache, die sich ein zivilisiertes Volk gegen einen heimlichen Feind, aber offiziellen Freund ausdenken kann. Ich finde es bloß so doof, dass ausgerechnet ich darunter am meisten leiden muss. Denn die Herren Politklugscheißer, wie z. B.

Michael einer ist, sitzen garantiert im Warmen und lachen sich höchstens noch darüber kaputt, dass so eine arrogante Ziege wie ich, sich hier den Arsch abfriert. Der Beweis, dass dies so ist, wurde von meinen Nachbarn erbracht. Die machen nämlich gerade so, als sei bei ihnen das Wasser auch eingefroren, nur um mir kein Wasser geben zu müssen. Das musst Du Dir mal vorstellen. Behauptet doch diese dicke, fette, eklige Wirtin von der Schmuddel-Kneipe gegenüber, dass sie das Heizungswasser zum Spülen nimmt. Pfui Deiwel! Bei der ging ich noch nicht einmal aufs Klo. Ganz zu schweigen, dass ich dort noch mal was essen oder trinken würde. Da könnte mich einladen, wer will.

Den Sonntag hab ich dann irgendwie rumgebracht, weiß überhaupt nicht mehr wie. Ich muss viel geweint haben, denn ich habe schreckliche Kopfschmerzen. Jedenfalls dachte ich am Montag, den 7. Januar, während Dennis unter dem Messer liegt, bekomme ich Hilfe von unserem Staat. Unser Staat muss allen Menschen hier zur Seite stehen. Besonders Mütter genießen einen besonderen Schutz. Das ist in Artikel 6 Absatz 4 Grundgesetz so geregelt. Aber soll ich Dir was sagen. Alles nur Papierwahrheiten. In Wirklichkeit behandelt man uns Mütter in diesem Jahrtausend in Deutschland schlechter als in allen tausendjährigen Reichen zuvor. Das macht mich wirklich so was von wütend, dass ich grade alles zusammenschlagen könnte, was nicht niet- und nagelfest ist. Aber wenn ich das auch nur laut denke, muss ich befürchten, dass man mich noch ins Irrenhaus bringt. Denn ein anständiger deutscher Mann tut so etwas nicht, was ich hier behaupte. Der kümmert sich um seine liebe Mutter, so wie das auch Dein Freund Friedrich getan hat. Ich weiß es besser. Aber darüber rede ich nicht. Dienstgeheimnis!

Beim Thema Mutter kannst Du ja eigentlich nicht mitreden, denn Deine Mutter ist bei Deiner Geburt gestorben. So hast Du mir das erzählt. Bitte verzeih mir, aber ich kann Dich deswegen nicht bedauern, denn oft ist es schwerer, mit einer lebenden Mutter klar zu kommen als mit einer, die man gar nicht kennengelernt hat. Vielleicht hast Du Dir als Kind eine Mutter ausgedacht. Ich hätte das jedenfalls an Deiner Stelle getan und dann wäre das eine kluge, liebe, schöne Mutter gewesen, so wie ich eine war. Ja, mein geliebter Dennis. Ich war eine kluge, liebe und schöne Mutter. Doch zuerst zurück zu Vater Staat und seinem Verhalten gegenüber klugen, lieben und einst auch schönen Müttern. Ich habe morgens um 5:55 Uhr ein Gedicht geschrieben, **„Todesursache"**. Es ist so eine Art Abschiedsbrief, denn ich habe keine Perspektive mehr gesehen. Kein Vater. Keine Kinder. Kein Dennis. Wozu das alles, dieser ganze Quatsch namens Leben. Bin ich denn nur dazu da, um Leiden zu sammeln, das ich dann fein artig abgepackt unter die Menschheit bringen soll? Noch nicht einmal das darf ich mehr tun. Andere, wie ein gewisser Jürgen, nehmen sich meine Gedanken und binden Bücher daraus, die sie dann verlegen und zu Geld machen wollen. Ich hatte die Schnauze jedenfalls bis oben hin voll. Dann hab ich mir meine besten Sachen rausgelegt, mich mit geschmolzenem Schneewasser gewaschen, bin in die

Stadt gefahren, trotz Eisregenwarnung, habe meine Anliegen schriftlich und auf äußerst anständige Weise bei diesem Sozialamtsheini abgegeben, bin dann in die Schule, um meinen Abschiedsbrief an meine Kinder weitergeben zu lassen, und dann habe ich mich in mein einstiges Stammcafé gesetzt und mir ein Frühstück à la Paris bestellt, um einen theatralisch eindrucksvollen Abgang zu inszenieren. Die ganze Zeit sind mir dabei die Tränen über das Gesicht geflossen. Zwei Männer am anderen Tisch haben mich beobachtet und wahrscheinlich gedacht, dass ich dringend eine Psychotherapie bräuchte. Ich und Psychotherapie. Ich war mehr als 20 Jahre mit einem Psychotherapeuten in Lebensgemeinschaft und der ist wahrscheinlich auch der Hauptverursacher meiner Probleme, die ich jetzt habe. Um Himmels willen, aus welchem Grund sollte ich es noch einmal mit einem Problemmacher versuchen? Nicht für viel Geld und ohne schon gar nicht! Die Bedienung war recht zurückhaltend, obwohl sie auch gesehen hat, wie beschissen es mir geht. Irgendwann so nach zwei Stunden, hat sich dann noch so ein alter Stinkstiefel links neben mich platziert, obwohl überall noch Platz war. Ich hab ganz eingeschüchtert meinen Mantel und meine Tasche weggeräumt, damit er sich mit seiner Zigarre dahinpflanzen und mir die Luft verpesten kann. Das habe ich dann auch nicht so lange ausgehalten und bin dann los, um mir meine Misshandlung bei der Verbandsgemeinde abzuholen.

Es war schlimmer, als selbst ich mir das in meinen ärgsten Befürchtungen vorgestellt hatte. Der neue Bürgermeister, ein echter Opportunist von der FWG, verwies auf den vor Blödheit und Neid strotzenden zuständigen Sachbearbeiter für Soziales und nachdem ich dann auch noch erfuhr, dass ich alleine hier ohne Wasser sitze, und kein einziger Nachbar mir auch nur einen Tropfen dieser lebenswichtigen Flüssigkeit abgibt, war es aus mit meiner Fassung. Das muss man sich mal vorstellen. Ich habe all diesen Leuten nichts getan. Sie grüßen mich nicht mehr, seit ich verarmt bin. Sie geben mir noch nicht einmal für Geld ein Stück Holz oder Wasser. Dabei haben sie alles, was man braucht. Sogar furchtbar viel Zeit, weil sie entweder in Rente sind oder arbeitslos. Aber sie haben alle ein aus Neid und Schadenfreude erfülltes Herz. Volkskrankheit Nummer 1 in der westlich zivilisierten Welt. Ärzte verdienen sich an diesen Geistergestalten dumm und doof. Abends glotzen diese Deppen dann Fernsehen und regen sich fürchterlich über die Amis und die Mullahs und die Politik überhaupt und die Kapitalisten insbesondere schrecklich auf. Wenn Fremde dabei sind, schimpft man auch ein bisschen auf die rechten Glatzköpfe. Aber nicht so sehr. Schließlich sind die Russen und die Ausländer, aber insbesondere immer noch die Juden an allem schuld. Du müsstest einmal hören, wie Menschen, die vom Alter her meine Kinder sein könnten, so richtig vom Leder ziehen. Da wird einem nur noch schlecht. Aber niemand stopft diesen jungen Nazis mal richtig das Maul. Leider stimmt es sogar, lieber Ami. Die Asylanten und die Faulenzer haben unseren Staat bankrott gemacht und wenn dann so eine ehemalige tausendfache Steuerzahlerin daherkommt und in Not geraten ist, weil sie sich nicht von diesen radikalen Männern unterkriegen lassen will, dann kriegt sie den Stiefelabsatz von Vater Staat zu spüren und wie. „Mir doch egal, wie viel Heizkörper vor Kälte bei Ihnen geplatzt sind. Geld für Holz gibt's auch nicht und wenn sie hier noch länger rummeckern, schicken wir Sie zum Gesundheitsamt, damit mal überprüft wird, ob Sie nicht doch arbeitsfähig sind." Derart abgefertigt bin ich nach Hause gefahren, als zwei Männer von den Verbandsgemeindewerken vorgefahren sind, um mir wenigstens meine im Erdgeschoss befindliche Badewanne mit Regenwasser zu befüllen, nachdem sie zuvor festgestellt hatten, dass die Zuleitungsrohre zugefroren waren und deshalb kein Wasserzufluss mehr möglich ist. Und dann habe ich festgestellt, dass ich meinen Hausschlüssel im Haus vergessen hatte, und dann bin ich durchgeknallt. Ich habe geschrien, wollte mit Gewalt ins Haus einbrechen, weil ich wenigstens in meinem heruntergekommenen Haus sterben wollte und nicht auf der Straße vor den Augen aller. Die Männer haben mich daran gehindert. Sie haben meinen Exmann angerufen. Der wollte erst wieder auflegen. Aber der eine Mann hat energisch darauf hingewiesen, dass mein Sohn mir wenigstens helfen müsse. Zähneknirschend sicherten die Herren am anderen Ende der Telefonleitung zu vorbeizukommen. 20 Minuten habe ich im Auto gewartet. Dann kam er, mein Sohn Florian mit seiner Schwester Lisa. Als sie mich gesehen haben, stand blankes Entsetzen auf den Gesichtern meiner Kinder. Sie wussten, das ist keine Show, das ist bitterer Ernst. Florian hat ein bisschen rumgemacht, aber dann hat er die Tür aufgeschlossen. Ich war noch nicht richtig drin im Haus, als ich vollends zusammenbrach.

Und nun hatte ich das gerade zu Stein werdende Herz meines klugen, lieben, aber nicht ganz so schönen Sohnes erreicht. Er hat mich in den Arm genommen. Wie eine zerbrochene Puppe muss ich ihm vorgekommen sein und er hat mir gesagt, dass er mich liebt und auf keinen Fall will, dass ich sterbe. Mein liebes Lieschen hat daneben gestanden und mir gesagt, dass sie am Sonntag so gegen 5 Uhr ein ganz komisches Gefühl hatte wegen mir und es stimmte. Um diese Zeit habe ich dieses Abschiedsgedicht geschrieben und mir intensiv gewünscht, nie mehr wieder aufzuwachen. Die Männer von der Verbandsgemeinde waren beruhigt, denn sie hätten ja nicht wegfahren und mich alleine lassen können. Sie wussten auch, dass sie sich dann mitschuldig am Tod einer deutschen Mutter gemacht hätten. Wir haben dann noch eine Hausbegehung gemacht. Alle waren sich darüber einig, dass ich hier nicht bleiben könne, aber eine Lösung, wohin mit mir, hat auch keiner. Nun schau ich halt, wie ich klar komme. Hauptsache, meinen Kindern ist mein Schicksal nicht genauso scheißegal wie all den guten Bundesbürgern um mich herum.

Du weißt nicht, wie es mir geht, denn ich halte mich an Dein Kontaktverbot. Vielleicht rufe ich Dich morgen, am Mittwoch, den 09.Januar 2002 einmal an, aber dann frage ich nur, „wie geht's Dir" und denken tu ich „gottverdammter Ami!"

11. Januar 2002

Ich empfinde dauernd so etwas wie Liebe und gerade deswegen scheine ich in einer lieblosen Welt als etwas Besonderes zu gelten. Alles Mögliche erzeugt bei mir das Gefühl von Liebe. Das Lächeln eines hilflosen Menschen, das Seufzen eines Bekümmerten. Der frische Duft von Blumen, das Leuchten des Mondes am nachtblauen Himmel. Ein ängstliches Kind. Ein wilder Hund. Die Tollpatschigkeit von Führungskräften. Die Verzweiflung eines Witwers. Der verrutschte Kragen von Dennis. Die schiefe Krawatte des Herrn Vorstandsvorsitzenden. Der schamhaft nach unten gesenkte Blick eines Studiendirektors. Der gekrümmte Rücken meiner Schwägerin. Der hilflose Blick eines Frischoperierten. Immer ist da diese Liebe in mir, die dann hochkommt und dem anderen signalisiert: Da ist jemand, der in diesem winzigen Augenblick einer Millionen Jahre alten Erdgeschichte dich liebt.

Und dann beginnt der Kampf um den Erhalt dieses so selten gewordenen Schatzes. Als ob man eine Welle festhalten könnte. Das geht nicht. Aber der Wind kann immer wieder neue Wellen erzeugen, wenn das Wasser nur schön ruhig ist und gerade seine Bahn über die stille See führt. Frischer Wind in alte Räume! Dazu müssen Fenster und Türen geöffnet werden. Aber was tut er, der Amischotte? Er macht alles dicht. So wie die anderen auch aus lauter Angst, die Liebe könnte ihn umbringen. Mein Gott! Wenn man über 50 ist und immer noch nicht Herr über seine eigenen Gewässer, dann wird es Zeit, sich mal darum zu kümmern.

Ja, die Welt kennt er, der Diener des größten Heeres, das es in dieser meiner Zeit gibt. Aber er weiß nichts von dem, wie es in ihm aussieht, der Vater aller Kriege. Er weiß gar nichts. Er will nur eines, und zwar zerstören, wie alle Väter namens Krieg. Warum braucht Mutter Natur solche Väter? Will sie beweisen, dass sie letztendlich stärker ist als alle Betonbauten und computergesteuerten Mordgeräte zusammen? Blödsinn! Zerstört ist schnell. Wachstum braucht Zeit. Viel Zeit und wenn auf einem Fleck jedes frisch gewachsene Pflänzchen gleich wieder totgetrampelt wird, dann sucht sich Mutter Natur ein anderes Plätzchen, wo sie in aller Ruhe vor sich hinwachsen kann.

Zeit. Ein fast noch kostbareres Gut als Liebe und übrigens auch Gegenspieler. Denn am Anfang eines Lebens hast Du noch viel Zeit, die Liebe zu entdecken, und gegen Ende eines Lebens brauchst Du mehr Liebe, als Du noch Zeit hast, welche zu erhalten. Vielleicht habe ich deswegen angefangen, in allem Liebe zu entdecken. Als ich nämlich gesehen habe, wie viele Menschen der verlorenen Zeit am Ende ihres Lebens nachweinen, wachte ich auf und begann, nach Liebe zu suchen. Vielleicht habe ich ja auch nicht mehr viel Zeit zum Leben und Lieben und deswegen hänge ich so an jedem Hoffnungsschimmer namens Liebe, die immer und ewig **Zeitlos** ist.

Zeitlos

Liebe ist zeitlos,
Liebe ist sprachlos,
Liebe erwächst
aus dem Verzicht auf Erfüllung
ins Uferlose,
Grenzenlose.

... und endlich stirbt die Sehnsucht auch

Richtig. Der Wind hat auch keine Lust, ständig auf einem zugefrorenen See Wellen erzeugen zu wollen. Also besinn Dich, Du sturer schottischer Ire. Ich hab nicht mehr so viel Zeit, um vergeblich an Deine Tür zu klopfen.

13. Januar 2002

Hi Dennis,

es taut heute am Sonntag, den 13.01.2002. Das gefrorene Wasser aus den geplatzten Heizungen rinnt nun durch die Decke zu mir in die Küche und im Radio läuft unser Lied „A whiter shade of Pale". Dieser Song ist wahrscheinlich auch nur eines von vielen Hundert Lieblingsliedern von mir und mein Herz schmilzt dennoch vor Liebe für Dich ollen irischen Sturkopf geradezu hin. Ich habe Dir gefühlt eine Ewigkeit nicht geschrieben, genauer gesagt zwei Tage lang nicht. Viel zu lange für jemanden, der sehnsüchtig auf jedes Wort wartet, das vom anderen kommt. Das werde ich heute nachholen, obwohl ich immer noch saukalt habe und mein Kopf nicht nur wegen der tierisch lauten Musik dröhnt, sondern auch wegen einer nicht ausbrechen wollenden Erkältung. Auch meine Hormone spielen ein bisschen verrückt. Du musst wissen, ich bin in den Wechseljahren. Klimakterium sagen die Mediziner dazu. Gefällt Dir nicht? Keine Angst, das geht immer so hin und her, also von heiß nach kalt und dann wieder zu hitzig und so weiter. Mir fällt da gerade ein, dass ich am 30. Oktober des vergangenen Jahres eine schöne Geschichte geschrieben habe. Es handelt sich um eine **Lebensmittwoch-Geschichte.** Die werde ich noch mal neu eintippen müssen, denn in einem Anflug von Vernichtungswahn habe ich am 25.

November alle wirklich guten Geschichten, die ich im letzten halben Jahr geschrieben habe, einfach gelöscht. So was tu ich öfter, wenn ich etwas unbedingt vergessen will. Dabei ist das natürlich Unsinn. Ich vergesse gerade dann, wenn ich so etwas mache, gar nichts. Im Gegenteil. Die Sache bleibt mir dann im Kopf hängen, bis ich wieder und wieder darüber geschrieben habe und irgendwann ist es dann tatsächlich vorbei.

Es ist fast einen Monat her oder sogar noch länger. Da habe ich Dir versprochen, bei Dir zu bleiben und nie mehr wieder einen anderen Mann in mein Haus oder sogar in mein Bett zu lassen. Daran halte ich mich. Auch wenn ich mich zwischendurch über so ein Versprechen ein bisschen wundern muss, denn wir haben uns ja gerade mal knapp 24 Stunden gesehen. Jetzt muss ich schon wieder das Radio lauter machen, weil so ein geiles Gitarrentanzstück kommt, bei dem ich immer an Deinen Sohn denken muss, den Gitarrenspezialisten. Ob wir beide den mal noch live erleben dürfen? Wenn ja, verspreche ich, Dich gründlichst zu blamieren. Ich werde nämlich tanzen, als ob ich gerade 18 geworden wäre, und Dein Junge wird sich denken: „Was hat sich denn Vater da für eine Verrückte aufgeladen?"

Na ja, vielleicht sehen wir uns auch niemals wieder. Dann hast Du Dir das erspart mit der Blamage. Denn wer weiß, auf welche Gedanken Dein Sohn sonst noch kommen könnte. Ich möchte aber in meinem Leben nicht mit Deiner Eifersucht kämpfen müssen. Trotz Deiner 12 ½ Jahre mehr auf dem Buckel bekäme ich Angst vor Dir. Ich bin nämlich nur mit dem Mund so stark. Sonst eher nicht. Vor allem jetzt nicht, wo ich so dünn geworden bin und reichlich schwach wegen des harten Winters, der hinter mir liegt und der auch noch nicht zu Ende ist, trotz Tauwetter. Jetzt wird es erst richtig eklig, weil alles so Papp Nass ist und kalt noch dazu. Aber Hauptsache ab und zu scheint die Sonne. Dann krieg ich wieder neuen Lebensmut und fange an, von Dir zu träumen. Träume sind aber Schäume und deswegen wechsle ich jetzt das Thema.

Kommen wir doch mal zu was ganz anderem. Kommen wir doch mal zu dem deutschesten aller Namen und der ist nicht etwa Hans, sondern Heiner. Keiner ist kleiner als Heiner oder keiner ist kleiner als dem Heiner seiner! Wenn Du das einem deutschen Mann sagst, und sei es nur im Spaß, dann kannst Du Dir sicher sein, den siehst Du nie wieder und wenn, dann wird er alles, aber auch wirklich alles tun, um Dich zu vernichten. Ich hab das auch mal gesagt, aber nur in Gedanken, dafür nicht zum Spaß. Es war mein Ernst, was ich da über einen Deutschen namens Heiner gedacht habe. Bis es aber so weit war, das war genau am 13. November 1998, ist ein bisschen was passiert zwischen dem Heiner und mir.

Heiner. Wie kann man denn so einen doofen Namen schon haben?! Hans ist ja schon blöd, kommt aber wenigstens von Johannes, also aus dem Hebräischen. Aber Heiner ist die Abkürzung von Heinrich. Der eiserne Heinrich. Prinz Heinrich. Alle Märchen der Gebrüder Grimm handeln irgendwie von einem Heinrich. Wir hatten in der Volksschule noch 1958 die Geschichte von Heiner und Else zu lernen. Alle Jungs waren Heinis und alle Mädchen Ellis. Else kommt dann auch von Elisabeth. Auch so ein deutscher Name. Im Lande Deiner Großväter sind ja dann auch diese deutschen Heinis und Elisabeths Eure Hauptfeinde gewesen. Das sehe ich doch richtig. Oder? Was ist denn an dem englischen Königshaus englisch? Gar nichts. Alles eingewanderter oder abgeschobener sächsischer Adel, den sich irgendwelche Urschotten oder Waliser oder sonstige Inselbewohner geangelt haben. Daher auch der Begriff Angelsachsen, sprich Engländer, was dann auf Deutsch wieder heißt: im Land, wo alles eng ist.

Siehst Du, Dennis. Genau mit dieser Art mache ich die Leute kirre. Die können das nicht leiden, wenn ich die Worte so wörtlich nehme. Aber einen Grund muss es ja haben, warum Worte entstehen. Die waren ja nicht von Anfang an da, sondern sind erst von den Menschen erfunden worden. Wie dem auch sei, das mit den Engländern und den Iren und den Schotten ist eine komplizierte Geschichte, weswegen vielleicht Dein Vater und Deine Mutter nach Amerika ausgewandert sind, wo sie dachten, dort sei alles einfacher. War es dann wohl aber auch nicht. Grund genug, an dem Ort zu bleiben, wo man geboren ist. Denn Probleme gibt es überall und man kann nicht vor ihnen flüchten. Die laufen einem garantiert hinterher.

So war das auch bei Heini und seinen Eltern, die eigentlich aus Brandenburg stammen, dem klassischen Preußen also, aber nach der Aufteilung Deutschlands in zwei Hälften unter russische Herrschaft gerieten. Eigentlich hatten diese Leute mit nur einem Sohn, der im Oktober 1950 geboren wurde, nichts zu befürchten. Sie hatten ihr eigenes Haus, das auch unzerstört blieb. Ein kleines Kolonialwarengeschäft wurde zwar verstaatlicht von den Deutschen Demokraten Berlins, aber sein Auskommen hatte man irgendwie. Wenn da nur nicht diese Kränkung gewesen wäre. Die Ostdeutschen, also Brandenburger, Sachsen, Thüringer, Pommern und Sachsen-Anhaltiner, hatten den Krieg mehr verloren als wir Westdeutschen. Die haben sich aber auch mächtig reingehängt mit ihrem ganzen SS-Getue, was nur aus preußischer Tradition stammen konnte. Wir Süddeutschen sind nie besonders militärisch gewesen. Dafür sind uns die Länder Frankreich und Italien mit ihren romanischen Lebensstilen viel zu nahe. Selbst die Bayern lieben es gemütlich und nicht so zackig. Höchstens einmal im Jahr auf dem Oktoberfest. Nach 8 Tagen feiern, bis der Arzt kommt, dann ist alles wieder vorbei. Es ist also nur gerecht, wenn es die Deutschesten unter den Deutschen nach Ende des Krieges auch am härtesten getroffen hat. Die Russen sind mit Sicherheit nicht zimperlich, aber die haben ja eigentlich den Krieg auch verloren. Denn die Russen hatten oft noch weniger zu essen als die Deutschen und so ging nach dem Krieg der Kampf ums tägliche Überleben los. Etwas, das Ihr Amerikaner überhaupt nicht kennt. Noch nicht einmal Eure Sklaven mussten wirklich hungern. Die wurden zwar geschunden und arbeitsmäßig ausgebeutet, aber genug zu essen war eigentlich im Lande der tausend Möglichkeiten immer vorhanden.

Jedenfalls hatte die Mutter von Heiner unbedingt in den Westen gewollt, als dieser gerade mal 7 Jahre alt war. Erlaubt war das nicht und tatsächlich sind Mutter und Sohn bei der Flucht geschnappt worden und wanderten in den Bau. Ja, auch der 7 Jahre alte Sohn alt musste ins DDR-Gefängnis, und zwar getrennt von der Mutter. Weil der Vater mehr Glück hatte bei seiner Flucht in den Westen nach Niedersachsen, wurden die drei dann doch noch im Rahmen der Familienzusammenführung vereint. Aber stell Dir mal diesen Schock vor. Von den eigenen Leuten ins Gefängnis gesperrt zu werden, noch dazu als Kind. Merkst Du jetzt endlich, wie verrückt und brutal die Deutschen sind? Die kennen nichts, außer dem ewigen Durst nach Macht und Herrschaft. Als Kind bekommst Du das natürlich mit, auch wenn die Erwachsenen meinen, so ein Kind rafft nichts. Das stimmt nicht. Wir deutschen Nachkriegskinder haben die Gewalt in ihrer brutalsten Auswirkung mitbekommen und wir haben auch mitbekommen, wie man sich dieser Gewalt entziehen kann, nämlich nur durch Anpassen. Schön lieb und brav sein. Duckmäusern. Denn wer aufbegehrt hat, wurde nicht etwa von einem außenstehenden Feind abgestraft, sondern von den eigenen Leuten.

Mir sagte einmal ein Richter vor noch gar nicht so langer Zeit: „Ihnen fehlt es an der nötigen unterwürfigen Haltung. Deswegen haben Sie so viele Schwierigkeiten." Wohlgemerkt. Wir schreiben das Jahr 2002. Aber Unterwürfigkeit ist immer noch das Mittel Nummer eins, um in Deutschland weiterzukommen. Ein Staatsanwalt von der Staatsanwaltschaft Kaiserslautern meinte lakonisch. „Sie können doch schreiben. Dann verarbeiten Sie Ihre Probleme mit den Behörden und der Justiz doch literarisch. Chancen, zu ihrem Recht zu gelangen, sehe ich nämlich keine." Vielleicht gilt diese zynische Haltung nur gegenüber Frauen. Männer scheinen es da etwas einfacher zu haben.

Heiner meinte jedoch, er wäre da ganz anders, ein ganz gleichberechtigter Mann, der eine ganz gleichberechtigte Frau gerne an seiner Seite hätte, vorausgesetzt Mama gibt ihren Segen dazu. Denn seine Mutter wachte nach diesem Schreckenserlebnis über ihren einzigen Sohn schlimmer als über ihren eigenen Augapfel.

Es hat dann auch lange gedauert, bis Heiner heiraten durfte. Erst war mal der berufliche Werdegang dran. Heiner folgte brav den Erwartungen seiner Mutter und hat eine Bilderbuchkarriere im deutschen Gesundheitswesen als FDP-Mitglied gemacht. Familie wollte er auch haben und auf seine Gespielinnen wollte er auch nicht verzichten. Dann hat ihm das Schicksal eins auf die Nase gegeben. Die Ehefrau ist auch fremdgegangen, ganz gleichberechtigt halt, und weil Heiner das nicht wollte, eine Scheidung aber unbedingt verhindern wollte, weil das gesellschaftlich nicht gut angekommen wäre, hat die gleichberechtigte Frau ihm ein Kind vor die Nase gesetzt, das aber nicht von ihm war, sondern vom Freund seiner Frau. Der an Scheinheiligkeit nicht zu überbietende und selbst fremdgehende Ehemann musste aber zahlen, weil unsere deutschen Gesetze das so wollen.

Demnach ist der Ehemann immer der Vater, egal ob er es ist oder nicht. Sollen die zwei doch Ordnung im Stall halten. Der Staat braucht Papiersicherheit und keine Familientragödien. Und weil unser Heiner gerade so schön in der Scheiße saß und die Mauer außerdem auch noch gefallen ist und Deutschland wieder größer geworden ist und unser Heiner an die Spitze eines Brandenburger Ärzteverbandes geschossen wurde und er dort aber so einen richtig alten Kriegsveteranen von Doktor als Vorstand über sich ergehen lassen musste, der dem jungen Wessi-Schnösel eins aufs Dach geben wollte, ging's dann rasant bergabwärts. Er wurde gefeuert. Zu rebellisch für den Osten.

Großes Jammern war angesagt. Frau weg! Job weg! Die 40 überschritten. Wo kann man jetzt noch dicke Arme machen? Richtig! Bei den Krankenschwestern. Dort hat er sich dann auch auf den von mir seit 1988 hart errungenen Lorbeeren ausgeruht. Den Rest habe ich ihm sozusagen sogar noch geschenkt, weil ich halt eine gute Krankenschwester war und so arg Mitleid mit ihm hatte. Aus lauter Liebeskummer entstanden im Jahr 1998 eine Menge guter Texte, die irgendwie alle mit ihm zu tun hatten, und erst als ich ganz unten angelangt war, das war so Ende 2000, ging mir langsam ein Licht auf, dass ich ihm den Beginn meines **Zweiten Frühlings**, der ein sehr schöner hätte werden können, geopfert hatte. Ich ärgere mich sehr darüber, kann es aber nicht mehr ändern. Jetzt bin ich wahrscheinlich schon in meinem zweiten Herbst. Aber auch der hat ja noch schöne Tage.

Wahrscheinlich hätte ich diesen Heini nie kennengelernt, wenn ich nicht im Anschluss an meine katastrophale Ehe Nummer zwei mit dem Heidelberger Arzt, dessen Vorfahren aber auch aus Sachsen, nämlich Leipzig, stammten, in eine psychotherapeutische Dauerbehandlung hineingestolpert wäre und sich daraus meine dritte Ehe entwickelte, aus der auch drei Kinder hervorgingen. Gunter stammte aus Thüringen. Vater im Krieg als Zivilist beim Opernbesuch 1942 von nicht detonierter Bombe getroffen, Mutter mit einzigem Sohn nach Leipzig, wegen besserer Bildungschancen. Sohn 1958 über Berlin Ost nach Berlin West geflüchtet per S-Bahn, im Schlepptau eine 16-jährige Stasitochter, die wurde erwischt und verhaftet. Der 23-jährige Slawistik-Student fuhr weiter und drehte sich nicht einmal um, als ob er Lot wäre und Gott ihm das befohlen hätte.

Gunter. Das Großdeutsche Reich lässt grüßen. Sein Vater war ein glühender Verehrer Adolf Hitlers. Die Mutter stammte aus Schleswig Holstein. Der Vater ist bei einem Bombenangriff 1944 ums Leben gekommen. Die Trauer darüber hielt sich bei seiner Ehefrau in Grenzen. Anlässlich eines Besuches bei ihr in Ostdeutschland hat sie mir erzählt, dass sie sich ohnehin hätte scheiden lassen. Der Vater war nämlich ein glühender Nazi und sie hatte kein Verständnis für seine politische Haltung. Auch ihrem Sohn stand sie sehr distanziert gegenüber, weil er offensichtlich in die Fußstapfen seines Vaters treten würde. Angeblich ist er wegen der Bildungsfreiheit in den Westen rüber, aber halt nicht alleine, sondern er hat ein minderjähriges Mädchen zur Flucht verführt und sich einen Dreck darum gekümmert, als sie abgeführt wurde. Was ist eigentlich mit den Leuten da drüben passiert, wenn man sie erwischt und nicht gerade totgeschossen hat? Wir Wessis wissen wenig darüber, wollen auch nichts wissen. Lieber geben wir den Kulturbonzen wie Wolf Biermann und Stefan Heym eine westlich-wirtschaftliche Existenzgrundlage, als uns ernsthaft mit deren Kritik am deutschen System auseinanderzusetzen. Ich gehöre da auch irgendwie dazu. Zwar habe ich Wolf Biermann bis zum Überdruss gehört, übrigens der gleiche Jahrgang wie Gunter, nämlich 1936, aber die Lyrik hatte es mir angetan und die war dann auch fast ausschließlich eine Neuauflage von Brecht, Heine und anderen großen Schriftstellern, auch englischen. Wir Deutschen wollen uns mit unserer jüngsten Nachkriegsgeschichte genauso wenig auseinandersetzen wie ihr Amerikaner mit eurer jüngsten Kriegsgeschichte.

Mit Gunter war ich fast 20 Jahre zusammen, davon 16 Jahre verheiratet. Aber für ihn habe ich nur zwei Texte geschrieben, nämlich **Versöhnung,** als ich noch eine Chance zur Rettung unserer Höllenehe sah, und nach meinem Auszug aus der scheinheilig miefigen Familienidylle **Fauler Zauber.** Vielleicht war ihm auch das Gedicht **Leidenschaft** gewidmet. Ich weiß es nicht mehr. Unsere Ehe basierte jedenfalls rein auf der Basis der gemeinsamen Familienfürsorge für unsere insgesamt 7 Kinder. Dabei war unsere Ehe durchsetzt mit dem Kampf um sein Überleben. Er war Kettenraucher und ich habe ihm viele Male das Leben gerettet. Schon zu Beginn unserer Ehe im Oktober 1982 habe ich ihn auf eigene Verantwortung aus der Tuberkuloseabteilung einer Heidelberger Spezialklinik nach Kaiserslautern geholt. Dort wurde er wegen einer lebensbedrohlichen Lungenembolie auf die Intensivstation gebracht. Die behandelnden Ärzte waren mir alle bestens bekannt und ich genoss hohes Ansehen bei den Medizinern. Als der Chefarzt der Medizinischen Klinik III erfuhr, dass ich wieder schwanger war, empfahl er mir dringend das Kind abtreiben zu lassen, weil es sehr wahrscheinlich ohne Vater geboren werde. Die Prognose für das Überleben des bereits vierfachen 46 Jährigen Vater war extrem schlecht, was ich auch daran erkannte, dass seine Sachen bereits in einen blauen Müllsack verpackt waren, der zur Abholung bereit stand. Ich habe meinem Ehemann daraufhin Mut zugesprochen und ihm versichert, dass ich an ihn glauben würde, wenn er nur einmal das Rauchen aufgeben könnte. Tatsächlich hat Gunter überlebt. Mir ging es aber sehr schlecht. Der Schock über die ärztlich diagnostizierte Überlebenschance traf mich tief. Wie sollte das nur alles weiter gehen, fragte ich mich in den stillen sorgenvollen Nächten zu Hause in unserer Wohnung in Kaiserslautern. Im Januar 1983 sollte Gunter entlassen werden. Am 14. Januar 1983 rief mich das Krankenhaus an, damit ich meinen Mann abholen solle. Dazu kam es nicht mehr. Vielmehr schickte mich mein Frauenarzt nach einem regulären Kontrolltermin ins Krankenhaus, weil keine Herztöne mehr zu hören waren. Dort hat man mich unverzüglich auf den OP Tisch gelegt und eine Notoperation vorgenommen. Der Embryo war seit mehreren Wochen abgestorben, sodass eine Sepsis bereits in vollem Gang war.

Ich selbst war in Lebensgefahr, während der Vater des Kindes schon wieder eine Zigarette ohne Filter nach der anderen gierig in sich hineinsog!

Meine Kolleginnen auf Station konnten sich noch 41 Jahre nach diesem Ereignis an mich erinnern. Bei der Entlassung hatten die Ärzte von dem Diplom Psychologen aus Mühlhausen/Thüringen verlangt, dass er sich einer Samenleiterunterbindung unterziehen müsse, weil jede weitere Schwangerschaft eine Gefahr für Kind und Mutter darstellen würde. Zähneknirschend willigte er ein, allerdings nur unter der Bedingung, dass er eine Vollnarkose bekäme. Die Anästhesie hatte es aber abgelehnt dem Herrn Kollegen aus der Abteilung Psychologie eine Narkose zu verpassen. Noch nicht einmal eine Lokalanästhesie hat man ihm angeboten. Das Risiko einer Komplikation wie Atemstillstand war den Ärzten aus der Anästhesie zu groß.

So kam es wie es kommen musste. Im Juli 1983 wurde ich erneut schwanger. Meine Tochter Marlene kam im April 1984 zur Welt und zwar gesund, trotz aller Risiken. Ich hatte einfach den Willen, wenn schon Kinder, dann wenigstens gesunde!

Im Februar 1986 kam dann meine Tochter Lisa gesund zur Welt. Ich hatte jedoch bei der Geburt sehr viel Blut verloren und fürchtete, dass eine weitere Schwangerschaft tatsächlich mindestens für mich tödlich endet.

Im Juli 1986 hatte ich dann eine Unterbindung meiner Eileiter vornehmen lassen. Inzwischen hatten wir uns auf mein Bestreben hin ein Haus in einem Kaiserslauterer Stadtteil angeschafft. Ich wollte unbedingt, dass wenigstens meine inzwischen vier Kinder ein schönes zuhause haben und in aller Ruhe ihre Kindheit und Jugend mitten im Pfälzer Wald verbringen können. In diesem Stadtteil hatte ich mich auch für den Neubau einer Grundschule eingesetzt, damit die Kinder nicht mit dem Bus nach Kaiserslautern fahren müssen. Trotz Widerstand aus der Politik, hatte ich mich durchgesetzt. Mein Widersacher war der Schuldezernent Dr. Arne Oeckinghaus. Dieser Herr war WG Mitbewohner meines Exmannes Hans B., der ständig gegen mich Stimmung machte.

Mein Plan von der heilen Familienwelt ging auf bis 1992. In diesem Jahr wurde der Diplom Psychologe und Vater von sechs leiblichen Kindern wegen eines psychiatrischen Gutachtens vorzeitig in die Erwerbsunfähigkeit entlassen. Nun durfte sich der zweifelhafte Obererzieher an der eigen Familie austoben, was er auch tat. Nächtelang hat er im Keller des Hauses am Computer verbracht und ich konnte mir vorstellen, was ihn dort so sehr interessierte. Ich selbst bin früh zu Bett um mich von den Strapazen des Tages zu erholen und auch um meine Kinder weiterhin gut zu versorgen.

Eines nachts schreckte mich ein ohrenbetäubender Knall auf. Ich ahnte was passiert war. Der Hausherr hat seine glühende Zigarette in den Papierkorb geworfen, wo er zuvor sein Gasauffüllpatrone für sein Gasfeuerzeug entsorgt hatte. Die Explosion war gewaltig. Fensterscheiben zerbarsten. Noch 500 Meter weiter hat man gehört was passiert ist. Geistesgegenwärtig hatte ich sofort die Feuerwehr gerufen. Dann meine Kinder aus dem Schlaf gerissen und ins Freie gebracht! Der Verursacher dieser Brandkatastrophe stand daneben und rührte keinen Finger! Gott sei Dank kam sofort die freiwillige Feuerwehr und hat uns geholfen. Mit einer großzügigen Spende aus dem Erbe meiner Tante Liesel aus Trier habe ich mich bei den Männern für ihre Hilfe bedankt. Neben all der vielen Arbeit im Haus, die eine sechsköpfige Familie so mit sich bringt, herrschte ein enormer finanzieller Engpass. Die Kinder aus erster Ehe meines erwerbsunfähigen Mannes beanspruchten Unterhalt, zumal alle drei ein sich ewig in die Länge ziehendes Studium einer Ausbildung vorzogen. Weil das Geld für eine neunköpfige Zweitfamilie hinten und vorne nicht ausreichte, verlangte mein Ehemann von mir dass ich wieder berufstätig sein sollte. Eine Anstellung als Anästhesieschwester im Krankenhaus Kaiserslauterns schied aber aus, weil es schlicht und ergreifend keine Kinderbetreuungsmöglichkeiten gab. Er selbst fühlte sich hierzu nicht in der Lage.

Die Erschütterung meiner Oma wegen ihres unfreiwilligen Heimaufenthaltes noch im Kopf, brachte mich auf die Idee mich als Krankenschwester selbstständig zu machen und alten kranken Menschen nach Entlassung aus dem Krankenhaus zur Seite zu stehen. Die Idee schlug ein wie eine Bombe. Mein ehemaliger Ärztlicher Lehrer war nun Chefarzt der Inneren Medizin und klagte, dass er das reinste Altersheim auf seiner Privatstation betreibe. Patienten hatte ich also genug, aber wie sollte das ganze steuerrechtlich funktionieren? Ich besann mich auf meine Kenntnisse im Fach Volkswirtschaftslehre, die ich am Wirtschaftsgymnasium in Kaiserslautern erworben hatte.

Gemeinsam mit einem vor Ort ansässigen erfahrenen Steuerberater entwarf ich ein tragfähiges Konzept zur Gründung eines Unternehmens namens Ambulante Krankenpflege mit dem Zweck Hausbesuche. Hierzu musste ich mir einen Gewerbeschein bei der Stadtverwaltung Kaiserslautern besorgen, ein durchaus anrüchiges begehren unserer stets auf Ordnung bedachten Verwaltung. Es gab keinerlei Vorbilder im Gründungsjahr 1988, aber eine Menge Interessenten. Schnell erlangte ich eine durchaus unerwünschte öffentliche Aufmerksamkeit. In meinem Berufsleben habe ich sehr viele Begegnungen gehabt, die bis in die höchsten Kreise der Politik reichten. Mir war das alles viel zu viel Aufmerksamkeit. Mein Alltag war mühevoll und arbeitsreich. Mit Unterstützung durch Familie oder Nachbarschaft konnte ich nicht rechnen. Schweren Herzens entschied ich mich dafür Aufgaben an Kolleginnen zu delegieren selbstverständlich für ein gutes Gehalt. Absichtslos bin ich dann in die Rolle der Arbeitgeberin gerutscht, was mir höchstes Unbehagen bereitet hat. Die familiäre Dauerüberlastung konnte ich jedoch nicht delegieren. Hier war ich Mädchen für alles. Zunehmend bekam ich gesundheitliche Probleme gynäkologischer Art. Befreundete Ärzte und Kollegen rieten mir mich von meinem Ehemann zu trennen, bevor ich noch ganz vor die Hunde ging. Als dann noch der Ratschlag von meinem Steuerberater kam, meinen enormen erwirtschafteten Gewinn aus meinem Unternehmen Ambulante Krankenpflege Hausbesuche zu investieren, beschloss ich ein altes denkmalgeschütztes Gemäuer auf der Breitenau zu erwerben und das für mich und meine Kinder zu sanieren, damit ich Familie und Beruf besser unter einem Dach organisieren könne. 1996 war es dann endlich so weit, dass ich dort einziehen konnte. Der Frührentner bekam sein kostenloses Nießbrauchrecht im Haus in Dansenberg und die Zusage, dass wir uns auch weiter um ihn kümmern.

Meine Kinder besuchten ihn regelmäßig abwechselnd und halfen ihm beim Haushalt. Dennoch ging es stets bergab mit dem gerade mal 60 jährigen Mann. Er verwahrloste trotz ständiger Hilfe. Nachbarn riefen mich an, damit ich mich um die Säuberung der Straße kümmere. Schließlich sei ich Hauseigentümerin. Im Juni 2001 rief meine Tochter Lisa mich zur Hilfe. Dem Papa ginge es sehr schlecht und sie hat Angst dass er stirbt. Ich hatte mich sofort auf den Weg gemacht und war innerhalb von nur fünf Minuten bei meinem Ehemann von dem ich mich im Jahr 1998 allerdings scheiden ließ. Da war es nun das viel befürchtete Ende des uneinsichtigen Lungenerkranktem. Endstation. Der herbeigerufene Hausarzt bat mich sofort den Notarzt zu rufen. Dieser kam und nahm ihn mit. Im Krankenhaus eingetroffen, wurde ich aufgefordert den Krankenhausvertrag zu unterzeichnen, weil der Patient nicht mehr dazu fähig sei. Wieder habe ich ihm Mut zugesprochen und ihm versprochen, dass ich das Haus in Dansenberg für ihn so herrichte, dass er dort wieder einziehen könne.

Dazu kam es nicht mehr. Ein Rechtsanwalt aus Kaiserslautern hat sich von ihm am Krankenbett eine Vollmacht unterzeichnen lassen, mittels deren er eine Räumungsklage gegen mich auf den Weg bringen würde. Dieser Anwalt hat ihm auch eingeredet, dass ich den mittlerweile pflegebedürftigen Mann ins Heim bringen lassen wolle. Voller Panik hat der schwerstkranke Mann diesem Drecksack von Anwalt eine Vollmacht unterzeichnet. Damit war sein Schicksal vorprogrammiert. Nicht ich hatte ihn aus dem Haus geklagt sondern der Herr Rechtsanwalt hat dafür gesorgt, dass ein gewisser Dr. Hermann T. sich des Hauses in Dansenberg ermächtigt und die Räumung im September selbst in die Hand genommen hat.

Für heute ist es genug. Mein Rücken brennt. Mein Kopf ist ganz taumelig. Ich habe Angst vor morgen, ob ich meinen Alltagskampf bestehe. Ich habe Sehnsucht nach Dir und würde mir wünschen, dass es Dir genauso geht.

Schlaf gut, mein Liebster.

Lebensmittwoch

Was fällt einem schon zu dem Mittwoch ein?! Ein Tag mitten in der Woche. Bei den Franzosen heißt der Mittwoch Mercredi. Die Franzosen haben also dem Tag mitten in der Woche dem römischen Gott Mercurius, dem Gott der Händler und Diebe, gewidmet. Gefällt mir schon besser. Wahrscheinlich machen mitten in der Woche Kaufleute und sonstige Händler die besten Geschäfte. Schließlich liegen zwei Tage Erholung vom anstrengenden Wochenende hinter einem und die zwei Tage der Woche, die noch angegangen werden müssen, reichen dazu aus, um ein am Mittwoch eingeleitetes Geschäft lohnend über die Bühne zu bringen.

Zu dem heutigen Mittwoch, der von den Lutheranern als Reformationstag ungeachtet der arbeitenden Bevölkerung begangen wird, hege ich aber auch noch andere Gedanken. Das Thema Zeit hat es mir in diesem Zusammenhang angetan, genauer gesagt meine ganz persönliche Lebenszeit. Ich stehe, während ich diese Zeilen schreibe, kurz vor der Vollendung meines 50. Lebensjahres. Wenn ich nun so aus dem Fenster schaue und den grau verhangenen Himmel dabei beobachte, wie er die bereits stark angegilbten Blätter der Bäume Mutter Erde wieder zuführt, dann hat dieses alljährlich notwendige Geschehen etwas unglaublich Tröstliches an sich. Wir haben Herbst. Auch bezüglich dieser dritten

Jahreszeit stehen wir am 31. Oktober mit Übergang zum 1. November jedes Jahr mitten drin. Man tut also dem November unrecht, wenn man ihn als Totenmonat bezeichnet. Die Menschheit würde sich ganz schön bedanken, wenn ihre Lebenszeit auch gerade mal bis zur Mitte des tatsächlichen Gesamtlebensjahres dauern würde. Wir tun uns ja schon schwer genug damit zu akzeptieren, dass man um die 50 herum spätestens die Mitte seines Lebens erreicht hat und der Herbst unausweichlich anbricht, ob wir das wollen oder nicht. Vielleicht hängt das aber auch damit zusammen, dass die Jahreszeiten irgendwie missverstanden werden. Denn bei genauem Hinschauen beginnt der Winter am 21. Dezember eines Jahres und endet erst am 21. März des darauffolgenden Jahres. Das heißt, das neue Jahr beginnt also immer mit dem Winter und der dauert doch tatsächlich noch fast drei Monate an.

Wenn ich jetzt meine Gesamtlebensstrecke als Ablauf eines Kalenderjahresgeschehens betrachte, habe ich den Großteil meines Winters schon lange hinter mir gelassen. Den Frühling auch. Gott sei Dank! War der anstrengend. Und auch der Sommer ist gerade zu Ende gegangen, mit einem schönen Altweiberherbst übrigens. Ich habe aber nach meiner ganz speziellen Lebensberechnung die zweite Hälfte meines Lebens noch komplett vor mir und das ist auch der Grund, warum ich ein so trostreiches Gefühl beim Anblick des regnenden Himmels empfinde. Von jeher habe ich den Herbst von allen Jahreszeiten am meisten geliebt und meiner wird voraussichtlich bis zu meinem 97. Geburtstag dauern. Denn die 10 Tage Winter, die im Laufe eines Kalenderjahres am Ende auftreten, bedeuten umgerechnet in meine spezielle Lebenszeit gerade mal 3 Jahre. Ich habe also allen Grund, mich auf die nächsten 50 Lebensjahre zu freuen, denn alles, was mir wichtig und schön erscheint, erwartet mich in meinem Lebensherbst, in dem es viele warme Farben geben wird, eine reichhaltige Ernte bedankt werden kann, die regnerischen Tage auf der Ofenbank vor sich hin sinnend verbracht werden und nicht zu vergessen, ich habe ja auch noch Geburtstag im Dezemberherbst und aus diesem zweiten Lebenshälften-Geburtstag werde ich aufsteigen wie Phönix aus der Asche und ich werde einen neuen Namen erhalten, damit der alte schnell vergessen wird. Wir haben Herbst und da gehört das Ablegen der Vergangenheit zum Ritual. Ich fühle mich jetzt schon als richtiges Glückskind, denn ich bin auch nicht mehr so alleine, wie ich das in meiner Winter-, Frühlings-, Sommerzeit war. Es gibt noch viele andere Blätter im Wind, die mit mir zusammen auf dem Boden unserer gemeinsamen Mutter Erde landen und wenn wir als grünes Blatt vorher in der Krone des Baumes ständig konkurrierend um den besten Platz an der Sonne gekämpft haben, dann kuscheln wir uns als gefallene Herbstblätter eng aneinander, damit es uns nicht so schnell kalt wird.

Der Winter kommt ja noch. Aber er dauert nicht lange und außerdem wird er auch noch unterbrochen mit dem schönsten Fest des Jahres – Weihnachten. Da bekommen unsere alten müden Augen noch einmal so richtig Glanz bevor es dann am letzten Tag des Lebensgesamtjahres mit einem richtigen Silvesterfeuerwerk ins nächste Leben geht.

Das waren meine Gedanken zum Mittwoch, den 31.10.2001, die ich mir auch von keinem noch so bunten Halloweentreiben verjagen lasse. Ich kann nur sagen meine Freunde, die Blätter im Walde, sollten sich mir anschließen und dann tanzen wir erst mal so richtig ab, während uns die Novemberstürme ordentlich einheizen.

Seid Ihr dabei?

Zweiter Frühling
oder eine mondlose Vollmondnacht

Zweifellos. Der Frühling bricht aus. Autos werden geputzt. Diätpläne ausgepackt. Die Friseure und Kosmetikerinnen haben Hochkonjunktur. In Fitnessstudios wird geschwitzt. Die Nachbarin genießt im Liegestuhl vorm Einfamilienhaus die ersten viel zu warmen Sonnenstrahlen, während der Lebensgefährte die Fenster putzt und das weiße Ledersofa vom Wintergrau zu befreien versucht. Die Spazierwege an den umliegenden Gewässern sind so brechend voll mit sonnenhungrigen Menschen, dass man meinen könnte, auf dem Oktoberfest in München zu sein. Erste Sonnenstrahlen und Frühling scheinen ein unzertrennbares Paar zu sein. Doch wie viele Menschen haben bemerkt, dass das Singen der Vögel, die ersten Knospen der Bäume und Sträucher schon 14 Tage vorher bei Herbstwetter mit Nieselregen den nahenden Anfang der lebendigsten Jahreszeit ankündigten?

Freitag, der 13. März. Heute Abend war es so weit. Sie wird sich mit ihm treffen im Heidelberger Schloss zu einem Abendessen zu zweit. Sie kannten sich schon eine ganze Weile. Er, der rhetorisch bewanderte 47-Jährige aus gutem Haus mit gepflegtem Äußerem und glatten Manieren. Finanziell unabhängig engagierte er sich ehrenamtlich in der Berufspolitik und war es gewohnt, zwischen seinen Aufenthalten am Bodensee, wo er zuhause ist und seinem Hauptarbeitsgebiet Hannover-Braunschweig-Berlin hin und her zu reisen und zwischendurch schnell einmal drei Fernsehinterviews zu geben. Sie, eine kämpferische 46-Jährige, immer darauf angewiesen, sich und ihre vier Kinder durch eigene Hände Arbeit zu ernähren, durch jahrelangen Existenzkampf kantig geworden, hielt nicht viel von wohlanständigen Worten. Vielmehr war sie bekannt wegen ihrer direkten unverblümten Art, immer auf der Hut, vermutete Angriffe mit peitschenartiger Geschwindigkeit zu parieren. Ihr Leben spielte sich zwischen Küche und Büro ab. An Wochenenden musste die Hausarbeit erledigt werden. Ein ziemlich unromantisches Dasein.

Überhaupt schien ihr Leben mit dem Winter angefangen zu haben und der dauerte nun wirklich schon sehr viele Jahre. Dennoch. Sie war davon überzeugt, dass nach jedem Winter ein Frühling folgte. Sie musste lediglich gut aufpassen, dass sie den Beginn nicht verpasste.

Während eines ihrer beruflichen Telefonate erinnerte er sie daran, dass sie ihm noch eine Einladung in ihr Haus nach dessen Fertigstellung schulde. Sie wehrte zunächst erschrocken ab, weil sie eine Frau an seiner Seite vermutete und sich auf ein Abenteuer mit ihm nicht einlassen wollte. Außerdem konnte sie sich einfach nicht vorstellen, was dieser kultiviert wirkende gut aussehende Mann an ihrer nach außen hin gezeigten raubeinigen Art finden sollte. Doch sobald sie das Gespräch am Telefon beendet hatten, tat es ihr leid, ihn so unvermittelt abgekanzelt zu haben. Sie schrieb ihm einen Brief, indem sie ehrlich ihre Vermutungen zu Papier brachte und ihm Gelegenheit bot, das gemeinsame Abendessen in Heidelberg stattfinden zu lassen. Zwei Wochen später kam ein Brief von ihm. Ihre Bedenken zerstreuend stimmte er dem Vorschlag uneingeschränkt zu.

Und nun war es so weit. Sie stieg in ihr PS-starkes Auto und machte sich scheinbar locker auf den Weg Richtung Osten. Vor ihren Kindern konnte sie ihre Nervosität jedoch nicht verbergen, so dass sie sich das etwas lästernde Bestücken ihres CD-Players mit Elvis Presley und Celine Dion gefallen lassen musste. Die nölige Stimme der Schmalzlocke der 50er und 60er Jahre während der Fahrt auf der A6 löste bei ihr das nie zuvor entstandene Gefühl aus, alle Männer dieser Welt, die sich nur nach Liebe sehnten, in den Arm zu nehmen und ihnen die notwendigen Streicheleinheiten zu geben. Lag das an der Vollmondnacht? Derart gefühlsbedroht nahm sie den Fuß langsam vom Gas, um den 225 PS unter der Motorhaube ihres metalldunkelblauen Schwedenpanzers den Speed zu nehmen und um Gottes willen nicht zu früh nach Heidelberg zu kommen.

19:27 Uhr. Anfahrt Heidelberger Schloss. Heidelberg kannte sie recht gut, war sie doch häufig mit ihrem geschiedenen Mann in der schönsten Altstadt Deutschlands unterwegs und später mit ihren Kindern am Neckar entlang gelaufen. Das Schloss als Hauptattraktion mied sie jedoch. Es war ihr einfach zu feudal und touristisch überlaufen. Dennoch, die Straße zum Schloss hoch kannte sie natürlich. Es war seine Idee, sich ausgerechnet im Schlossrestaurant zu verabreden, und der

Parkplatz vorm Schloss sollte der Treffpunkt sein, wo er auf sie warten würde. Das Schloss lag erwartungsgemäß auf der linken Seite der Straße. Einen Parkplatz und einen wartenden Mann konnte sie aber nicht erkennen. „Na, vielleicht weiter oben", dachte sie. Die Serpentinen schienen kein Ende zu nehmen und als ein weißes Schild mit der Aufschrift „REHAKLINIK" auftauchte, lenkte ihr Auto wie von selbst in diese Richtung. Irgendwann ließ sie das Ortsschild Heidelberg hinter sich und befand sich nun mitten im gleichnamigen Wald.

Parkplatz ansteuern. Ein Gerät aus der Tasche kramen, das ihr zutiefst verhasst war: das Handy. Dieses Ding benutzte sie nie und folglich war sie mit dessen Handhabung nicht gerade vertraut. Zu allem Unglück hatte sie noch ihre Brille vergessen, so dass sie im Halbdunkel halb blind seine wenigstens im Kopf bekannte Handynummer anwählte. Nichts rührte sich auf der Gegenseite. Auch das noch! Er hatte doch sonst immer das für ihn so unentbehrliche Kommunikationsgerät bei sich. Enttäuscht und ratlos stand sie nun da. Plötzlich klingelte ihr Handy. Die Nummer war nur ihren Kindern bekannt, die schon damit gedroht hatten, das erste Rendezvous ihrer Mutter mit einem Anruf ihrerseits zu stören. Dies erwartend nahm sie mit entsprechend fauchender Stimme den Ruf entgegen. Er war am anderen Ende, hörbar verunsichert, da er lediglich die auf seinem Display erschienene Nummer zurückrief. Wahrscheinlich dachte er zunächst, dass sie ihm kurzfristig absagen würde. Erleichtert und erstaunt nahm er zur Kenntnis, dass sie lediglich 3 km nördlich von ihm auf einem Waldparkplatz stand.

Als er erfuhr, dass sie ihn auf einem Parkplatz vor dem Schlosseingang vergeblich suchte, gab er seine Position mit dem Schlossgarten an und bat sie, ein wenig verständnislos zwar, dorthin zu kommen. Parkplatz? Davon wusste er nichts. Sein Auto stünde in einem Parkhaus und sie müsse schon ein paar Schritte laufen, um zum Brunnen im Schlossgarten zu gelangen, wo er auf sie warten würde. Also zurück. Bergab. Dieses Mal dehnte sich das Schloss auf der rechten Straßenseite aus. Ihr Auto stellte sie auf dem Busparkplatz ab. Von diesem Standpunkt aus starteten die meisten Leute ihre Besichtigungstour dieser international bekannten Sehenswürdigkeit. Hier war das Parken für Pkws zwar verboten. Das war ihr aber in dem Moment egal. Hauptsache, sie konnte den Fauxpas schnell korrigieren.

Das Schloss wuchs nach einem kurzen Fußweg zu seiner vollen Größe vor ihr an. Gleich zu Anfang erkannte sie einen Schlossgarten auf einer Terrasse, in dem zwei Liebespärchen die Vollmondnacht genossen, obwohl von dem geheimnisvollen Licht des Erdtrabanten wegen der sich davor schiebenden dunklen Wolken nichts zu sehen war. Einen einzelnen Herrn konnte sie jedoch nirgends erblicken. Erneut der Griff zum Handy. „Ich bin jetzt hier auf dem Schloss, kann Sie aber nicht finden." „Wo stehen Sie denn?", kam es zurück. „Auf einer Terrasse. Vor mir liegt ein sehr tiefer breiter Graben". „Nun, das ist ja gar nicht so weit entfernt von mir. Ich warte hier im Schlossgarten um die Ecke am Brunnen. Sie müssen nur nach rechts, dann kommen Sie zum Haupteingang. Alles klar? Bis gleich." Aufgelegt!

Nach ihrem Gefühl hätte sie eigentlich nach links gehen müssen. Aber er, der Mann von Welt, wird es schon wissen. Also nach rechts. Aus dem Schlossgelände heraus. Hunderte von Treppen bergab. Vorbei an wunderschönen alten Häusern. Handy! „Wo bleiben Sie denn!" „Ich bin wieder fast unten in der Stadt. Links von mir befindet sich ein Parkhaus." „Da steht mein Auto. Ich stehe aber hier oben im Schlossgarten am Brunnen", schallte es nicht besonders charmant aus dem Hör- und Sprechgerät.

Verunsichert fragte sie ihn, ob der Weg rechts von ihr vielleicht der richtige sei. Außer einem Hinweis, irgendwelche Leute zu fragen, kam nichts Hilfreiches mehr. Sie war ganz froh, dass niemand da war. Denn ihre Angst, in der Dunkelheit jetzt noch irgendwelche Typen zu treffen, war größer als ihr Informationsbedarf. Der Weg nach rechts führte zwar direkt vor das Haupttor des Schlosses, das jedoch durch eine schwere schmiedeeiserne Tür verschlossen war. Es blieb ihr also nichts anderes übrig, als den ganzen Weg all die Hunderte von Treppen wieder hinaufzusteigen. Auf halber Strecke wurde sie nochmals von dem Teufelsgerät aufgeschreckt. „Sagen Sie mal, es gibt in ganz Heidelberg nur ein einziges Schloss. Das kann man doch nicht verfehlen." „Schlösser sind halt nicht mein Ding! Haben Sie schon kalte Füße?", bellte sie zum ersten Mal zurück.

Für einen Moment setzte sie sich völlig außer Atem auf die feuchten Treppen. Weinend fing sie an zu beten. „Lieber Gott. Ich bin einfach zu blöd, den Weg zu diesem Mann zu finden. Bitte sei so freundlich und zeig ihn mir." „Nach links und nicht nach rechts!", rief eine innere Stimme. Unverzüglich stand sie auf und folgte diesem Hinweis. Nach wenigen Schritten stand sie vor dem gleichen Eingangstor wie vor einer Dreiviertelstunde. Drei Eingänge zum Schloss gab es. Sie nahm zuerst den ersten. Der richtige lag jedoch in der Mitte. Schweißgebadet mit zitternden Knien ging sie auf ihn zu. Er stand wie angekündigt am Brunnen, den Blick gedankenverloren nach unten ins Innere gesenkt. Ihr fiel sofort sein Rollkragenpullover auf, der in deutlichem Gegensatz zu seinem sonst gewohnten Hemden-Schlips-Blazer-Outfit stand. Er kam ihr kaum zwei Schritte entgegen und sie stammelte nur etwas von, „wie peinlich", was er mit den Worten, „das wäre es mir an Ihrer Stelle auch" bestätigte.

Nun, den unangenehmen Teil des Abends hatten sie hinter sich gebracht. Schlimmer konnte es nicht kommen. Als sie das Schlossrestaurant betraten, war sie zunächst nicht in der Lage, zu würdigen, dass er mit einer Tischreservierung am Fenster mit Blick auf den Schlossgarten und Celine Dions Liebesliedern im Hintergrund ein perfektes Candle-Light-Dinner arrangiert hatte. Zwei, drei Stunden nutzten sie die Gelegenheit, sich gegenseitig einen kleinen Einblick in ihrer beider vergangenes Leben, welches von tiefen persönlichen Verletzungen gezeichnet war, zu gewähren, als sich gegen Mitternacht ihre Wege wieder trennten. Er fuhr Richtung Norden nach Braunschweig zu seiner Mutter und sie in Richtung Westen, wo sie hergekommen war. Zum Abschied überreichte sie ihm drei Gedichte, die sie kurz zuvor geschrieben hatte:

Verlassen
Leidenschaft
Fauler Zauber

Im Gegenzug sicherte er ihr zu, sich spätestens am 1. April von Irland aus, wo er ein Haus besaß, bei ihr zu melden. Heute ist der 1. April und sie hofft, dass er sich keinen üblen Scherz mit ihr erlaubt hat.

Nachtrag:

Er hatte nicht angerufen. Dafür kamen am 20. April ein paar Zeilen auf feinstem Bütten geschrieben, in denen er beiläufig mitteilte, dass er sich gerade mit seiner Freundin auf Irland von einer längeren Grippe erholt. Das lag bestimmt daran, weil ihm das Gedicht „Verlassen" am besten von allen dreien gefallen hat.

15. Januar 2002

Letzter Brief oder Der Schattenmann

Das Jahr 1998 war ein Schicksalsjahr wegen diesem Heini, wegen der Frage Türkei oder Deutschland, wegen meines Geschäfts, wegen meiner Scheidung. Ich dachte, jetzt hast Du klar Schiff gemacht für die kommende zweite Lebenshälfte, Eva. Die Erziehung der Kinder ist einigermaßen gelungen. Die wirtschaftlichen Zukunftsperspektiven sind sehr gut. Lover in der Türkei. Vielleicht Heirat mit Heini.

Alles falsch. Die Kinder hatten sich längst innerlich von mir abgewandt. Ich hatte das gar nicht gemerkt. Die wirtschaftlichen Zukunftsperspektiven wurden abhängig gemacht von meiner Bereitwilligkeit, mit den Herren Geldgebern ins Bett zu gehen. Yakup war ein schlechter Lover und ein guter Lügner und aus der Heirat mit Heini wurde auch nichts. Was nun? War's das? Nein. Es kam noch was. Etwas sehr, sehr Großes und auch sehr, sehr Schreckliches. Ich lernte im Oktober 1999 meinen eigenen Schatten kennen und ich dachte nicht im Traum daran, dass ich, als die allerbeste Mutter der Welt, als allerschlauste Geschäftsfrau der Welt und als gewieftestes Weib der Welt, mit einem Wesen einmal in Berührung käme, das mich das reine Grauen lehren würde. Wenn ich all diese Gedanken veröffentlichen würde, die in diesem Zusammenhang niedergeschrieben wurden, wäre das in höchstem Maße verantwortungslos. Denn zu krass wird hier beschrieben, was sich im tiefsten Innern menschlichen Grauens abspielen kann, wenn nur der oder die Richtige kommt, um diese verschütteten Gedanken ans Tageslicht zu bringen. Ich muss Dir aber davon berichten, weil ich Dir sonst nie ganz frei begegnen könnte und wir nie auch nur die allerkleinste Chance hätten, einmal Arm in Arm an den Stränden der spanischen Mittelmeerküste oder auch an der französischen Atlantikküste entlang spazieren können.

Das Thema ist LEIDENSCHAFT. Die Bedürfnisse schreiben sich MACHT. Die Gegner heißen LIEBE und HASS. Das Ergebnis ist der TOD. Alle diese großen Begriffe hatten eine Projektionsebene in Gestalt eines Mannes, der als Schattenmann bezeichnet werden soll. Dieser Schattenmann ist klug, infam, rücksichtslos und verzehrt sich nach Wärme und Liebe. Ein Suchender, dem man besser nicht begegnet. Er ist zu allem fähig. Zur größten Liebe und zum Massenmord. Alles hat nebeneinander irgendwie Berechtigung und das Erschreckende ist, dass in jedem von uns so ein Schattenmann steckt. Das Schlimme ist, Du kannst ihn eigentlich nicht bekämpfen, denn ein Schatten ist ein Nichts und gegen nichts kann man nichts tun. Man muss einfach abwarten, bis die Sonne untergeht, die diesen Schatten hat entstehen lassen. Das ist einfach gesagt, aber jeder Mensch hängt an der wärmenden Energie einer Sonne und will eigentlich nicht, dass diese untergeht.

Mag sein, dass Dir meine Worte ungewohnt unklar erscheinen. Das ist schon das Wesen eines Schattenmannes. **Unklarheit, Ungewissheit, Uferlosigkeit, Grenzenlosigkeit, Fassungslosigkeit.** Stell Dir einfach vor, der Schattenmann hat sich das Desaster vom 11.09.2001 ausgedacht, dann hast Du eine Vorstellung von dem Ausmaß, wie ich das auch zum Teil sehr körperlich erlebt habe. Es geht von einem nur noch eine völlige Regungslosigkeit angesichts des Grauens der von Menschen gewollten Zerstörung aus. Erstarrung! Erinnerst Du Dich an die Tage nach dem 11. September 2001 in New York? Ich muss, während ich diese Zeilen schreibe, blöde Popmusik hören, sonst versinke ich in dem Gefühl der absoluten Ohnmacht, die einen überfällt, wenn man sich die Bilder dieser denkwürdigen Tage noch einmal vor Augen führt. Ich meine jetzt nicht nur den Einsturz des Welthandelszentrums, sondern auch diese tanzenden und singenden Menschen moslemischen Glaubens, die wirkliche Freude dabei empfinden, wenn sie so etwas sehen. Das ist kein Schauspiel. Niemand kann einen Menschen zur Freude zwingen. Zur Waffe ja! Aber nicht zum Tanzen. Das hat mich ehrlich gesagt fast noch mehr erschüttert als der Zusammenbruch von Glas und Beton. Das waren Menschen. Keine Tiere. Keine Materie. Kein Trick. Echte Menschen.

Ich hatte damals meinen Schattenmann, der auch mich wegen eines angeblichen Verrates absolut zu zerstören gedachte, schon gekannt und ich hatte damals schon mehr Angst vor der schadenfreudigen Reaktion meiner Mitmenschen als vor meinem Niedergang oder auch

Tod. Ich sollte recht behalten. Die tanzenden, singenden, lachenden Menschen befanden sich direkt in meiner Nachbarschaft, ja sogar in der Familie. Nun bin ich ja selbst Mensch und kein Bauwerk. Ich habe also erlebt, was es heißt, wenn es einem die Menschen von Herzen gönnen, dass es dir so richtig schlecht geht. Dabei wurde ich zuvor bewundert und verehrt. Aber nicht ich war es, die verehrt wurde, sondern die Energie, die ich zur Verfügung stellte, damit es allen um mich herum etwas besser geht. Diese Sonne ist untergegangen, auch weil ich es wollte. Ich fand zu meinem Kern allerdings nicht durch eine Explosion, sondern durch eine Implosion.

Ich habe in diesem Zusammenhang auch angefangen, die englische Sprache besser zu verstehen, denn viele Lieder aus der Popszene handeln von den Schattenmännern, die zu allem fähig sind, zu jeder Grausamkeit und zu jeder Zärtlichkeit. Immer schwingt aber die Maßlosigkeit mit und die alleine gilt es, in den Griff zu bekommen. Denn wir müssen kämpfen, wenn es darum geht, unsere Lebensgrundlagen zu erhalten. Wir müssen auch zärtlich zueinander sein, sonst trennt uns zu viel und eine Gemeinsamkeit kommt nicht zustande. Aber alles mit Maß, wie auch jede Medizin letztlich Gift ist, die nur durch das richtige Maß zur Heilkraft wird. Bei Michael und mir war alles ohne Maß und Ziel und musste daher zum Scheitern verurteilt sein.

Liebster Dennis,

hier liegt der wahre Grund, warum ich Dich in der Nacht vom 9. auf den 10. Dezember heimlich verlassen habe, obwohl ich sehr gerne geblieben wäre. Dieser Schatten war noch um mich und ich wollte auf keinen Fall, dass er auch Dich trifft. Du hast ihn auch gespürt, denn plötzlich ohne Vorwarnung warst Du ein anderer als zuvor. Instinktiv hast Du Abstand von mir genommen. Ich muss das so akzeptieren und auch warten, bis Du wiederkommst. Es gibt nun keine dunklen Flecken mehr, die zwischen uns stehen könnten. Aber ob es ohne Dich für mich noch einmal richtig hell wird, bezweifle ich. Ich brauche Dich.

Eva

Das ENDE vom ENDE

Lebensquelle

*Es hat lange gedauert,
bis ich gemerkt habe,
dass ich für Euch
nichts anderes war
als eine Quelle
ewiger Lebensenergie.*

*Nun bin ich versiegt.
Nichts fließt mehr
und doch geht mein Atem,
aber auch der
mehr aus als ein.*

*Diese vollkommene Leere
wird nur verdrängt
von der Fülle der Trauer,
die ich hier niedergeschrieben habe,
um Platz zu machen
für die Liebe eines einzigen Mannes,
der nur für mich
alles übrig behielt.*

Breitenau, April 2002

Verleugnung ist nicht die Lösung eines Problems, sondern dessen Ursache.

Danke, meinen Kindern Sybille, Florian, Marlene und Lisa, die mich im Rahmen ihrer Möglichkeiten stets unterstützt haben.

Danke, meinem Vater Wilhelm Josef Schütz, der mir am Ende seines Lebens ein offenes Ohr geschenkt hat.

Danke, meiner Mutter Lydia Mathilde Schütz, geb. Lang, die sich am Ende ihres Lebens für ihr Versagen bei mir entschuldigt hat.

Kaiserslautern, 10. Mai 2024

novum VERLAG FÜR NEUAUTOREN

Bewerten
Sie dieses Buch
auf unserer
Homepage!

www.novumverlag.com

Die Autorin

Die Geburt der Autorin Eva-Maria Schütz im Dezember 1951 ging aus einer typisch deutschen Mischehe hervor. Beide Eltern waren durch die Geschehnisse im zweiten Weltkrieg erheblich traumatisiert! Der Ausbildung als Krankenschwester 1972 folgte das Abitur am Wirtschaftsgymnasium Kaiserslautern 1981. Mit der Gründung ihres Betriebes Ambulante Krankenpflege im Jahr 1988 betrat die Autorin neue Wege um alten, pflegebedürftigen Menschen eine Heimeinweisung zu ersparen. Eva-Maria Schütz ist seit 22 Jahren wieder verheiratet. Seit 2023 lebt sie mit ihrem Ehemann in ihrer geliebten Heimat Kaiserslautern.

novum VERLAG FÜR NEUAUTOREN

Der Verlag

*Wer aufhört
besser zu werden,
hat aufgehört
gut zu sein!*

Basierend auf diesem Motto ist es dem novum Verlag ein Anliegen, neue Manuskripte aufzuspüren, zu veröffentlichen und deren Autoren langfristig zu fördern. Mittlerweile gilt der 1997 gegründete und mehrfach prämierte Verlag als Spezialist für Neuautoren in Deutschland, Österreich und der Schweiz.

Für jedes neue Manuskript wird innerhalb weniger Wochen eine kostenfreie, unverbindliche Lektorats-Prüfung erstellt.

Weitere Informationen zum Verlag und
seinen Büchern finden Sie im Internet unter:

w w w . n o v u m v e r l a g . c o m

Milton Keynes UK
Ingram Content Group UK Ltd.
UKHW022012290824
447585UK00006B/233